铁路隧道工程工艺试验工作指南

上海铁路局 著

中国铁道出版社

2012年·北 京

图书在版编目(CIP)数据

铁路隧道工程工艺试验工作指南/上海铁路局著．北京：中国铁道出版社，2012.1

ISBN 978-7-113-14055-7

Ⅰ.①铁… Ⅱ.①上… Ⅲ.①铁路隧道—隧道工程—工程施工—指南 Ⅳ.①U459.1-62

中国版本图书馆CIP数据核字(2011)第273271号

书　　名：铁路隧道工程工艺试验工作指南

作　　者：上海铁路局

责任编辑：陈小刚　**电话：**010-63549495　**电子邮箱：**cxgsuccess@163.com

封面设计：崔　欣

责任校对：张玉华

责任印制：陆　宁

出版发行：中国铁道出版社（100054，北京市西城区右安门西街8号）

网　　址：http://www.tdpress.com

印　　刷：中国铁道出版社印刷厂

版　　次：2012年1月第1版　2012年1月第1次印刷

开　　本：880 mm×1 230 mm　1/32　印张：3.25　字数：89千

书　　号：ISBN 978-7-113-14055-7

定　　价：26.00元

前　言

隧道是利用地下空间的一种形式，是工程建设的主要组成部分和结构形式。从山岭或丘陵下穿越的称为山岭隧道，从河下或海底通过的称为水下隧道，从城市地下穿越的称为城市隧道。在我国铁路建设中，隧道占有相当高的比例，如武广客运专线隧道总长 165 km，沿海铁路隧道总长 280 km，合武客运专线隧道总长 80 km，石太客运专线隧道总长 76 km，郑西客运专线隧道总长 74 km，在建金温扩能改造工程隧道总长 116 km。

建设工程工艺试验是为了考查摸索施工工艺方法、参数的可行性，验证设计方案、参数的合理性而进行的一系列活动，在工程产品的形成中起着重要作用。如何加强建设工程工艺试验管理，规范施工过程的工艺工法和工序流程，是铁路建设落实科学发展观的重要内容，是保证工程质量的客观要求，是不断提高建设工程施工和管理水平的重要载体。

铁路隧道工程工艺试验是质量管理中的一个重要环节，实施隧道首件工程认可制，将工程质量的事后检查把关，转向对质量的事前控制、事中控制；从对产品质量的检查，转向对工作质量、工序质量、中间产品质量的检查；从工艺试验结果的检查，转向深刻理解工艺试验原理，确保产品质量和建设管理水平的全面提高。

上海铁路局经过近几年的不断实践，总结形成了建设管理“431”工作法，在工艺试验方面进行一些探索，全面推行工艺试验、首件认可、评估验收等制度，本书认真总结了金温扩能改造工程隧道施工工艺试验的试验组织、管理制度、实施过程等各个环节的经验教训，明确了工艺试验管理的工作程序、各阶段的工作重点，通过对隧道开挖、防排水、二衬等的工艺试验，确定了工艺参数，验证了工艺工法，可为今后同类施工提供借鉴。

本书在编制过程中，得到中铁四局李文杰、中铁二十二局邓健、上海天佑监理公司胡绍兴等同志的大力支持和帮助，在此表示感谢！由于编者水平有限，不妥之处，敬请谅解。

本书主要起草人：张骏、魏洪山、燕超、占胜、徐新生、郭玉坤、黄春峰。

本书主要审查人：王峰、李迎九、金武、葛方、俞醒。

目　　录

1 概　　述

铁路建设工程首次施工、先行段、新工艺、新工法、新技术、新材料推广应用前应坚持试验先行，根据试验数据优化、修正设计参数和设计方案，工艺试验[1]成果经验收[2]评估后方可推广应用。

工艺试验应从管理制度、人员配备、现场管理、过程控制[3]和系统总结等方面加强标准化管理，建立和健全管理制度，通过对工艺试验的系统总结，实现铁路建设项目“建设管理科学，过程操作规范，理论方法创新，工程质量一流”的总体目标。

工艺试验应积极采用技术先进、经济合理、安全可靠的装备、材料和施工方法，积极推广应用具有先进性、科学性和实用性的新工艺，提高施工效率、降低成本、节约资源、保护环境。工艺试验管理必须从源头抓起，突出样板示范效应，以点带面、以点促面、点面结合，全面推广和发挥典型示范效应和推动作用。工艺试验应积极推行机械化、工厂化、专业化、信息化，注重方案先行、注重试验过程、注重试验细节、注重试验总结、注重典型引路、注重推广应用。参与人员应经岗前培训合格，持证上岗；特殊工种人员应取得国家或相关部门的职业资格。采用的大型机械设备、测试设备及各种原材料应符合国家和铁道部现行有关标准。

隧道全面施工前应选择有代表性的地段进行工艺试验，并注重以下几方面：

(1)项目管理机构和施工、监理、设计单位应成立工艺试验的专门组织管理机构，编制工艺试验推进计划，安排专人负责工艺试验的具体实施。工艺试验方案编制以前，设计单位进行设计交底，施工单位对设计图纸中工程、水文地质和环境条件进行现场核实，调查施工场地条件和施工存在的困难，收集施工范围内施工机械进出通道等情况。施工单位编制的工艺试验专项方案[4]和监理单位编制的专项监理实施细则，按规定程序逐级审查，逐步完善，经批准后方可实施。施工单位应办理开工报告等相关手续，编制作业指导书[5]和技术交底书，并按规定进行技术交底[6]。

(2)隧道施工工艺试验应由专业化施工队伍负责施工，隧道工艺试验施工应在总体施工规划下，编制隧道开挖、锚喷支护[7]、监控量测[8]、防排水、二次衬砌[9]等工艺试验实施方案，合理组织实施。

(3)在工艺试验过程中，重视职业健康和劳动卫生保护，加强照明、通风、降噪、防尘，积极改善隧道作业环境，减少有害气体、粉尘、噪声等对作业人员的危害，防止发生职业健康安全事故。

(4)实施过程中建立健全安全质量保证体系，设置专门安全质量管理机构，配备专职安全质量管理人员，落实安全生产责任制，保证工艺试验过程安全可控。

(5)铁路隧道工艺试验所需的各种原材料应集中采购，按照规定进行抽样检测，各项技术指标应符合设计要求及有关规定。

(6)工艺试验过程中，宜建立以施工单位各层次自检、各工序[10]互检，监理单位巡检、旁站、平行抽检，项目管理机构抽检的基本质量控制模式；设计、监理单位应安排专人指导、监督工艺试验的实施；施工单位根据试验数据，及时优化、修正施工方案。应随时积累资料、数据，做好各道工序的原始记录。

(7)隧道工艺试验施工完成后，应及时编写全面和单项施工技术总结。

①工艺试验是指为了考查探索和验证设计要求的工艺方法、工艺参数的可行性或材料的可加工性，依据技术规范的规定，在动工之前预先进行的试验，根据工艺试验结果，全面指导施工。

②验收是指建筑工程在施工单位自行质量检查评定的基础上，参与建设活动的有关单位共同对检验批、分项、分部、单位工程的质量进行抽样复验，根据相关标准以书面形式对工程质量达到合格与否作出确认。

③过程控制是指为实现工程的预期目标，在施工过程中根据实际情况从“人、机、料、法、环”等方面实时进行优化、纠偏的活动。

④专项方案一般指施工单位针对危险性较大的分部分项工程单独

编制的安全技术措施文件。本文中指针对工艺试验单独编制的实施性施工组织设计文件。

⑤作业指导书是指用于指导某个具体过程和事物形成的技术性细节描述的可操作性文件。

⑥技术交底是在某一单位工程开工前,或一个分项工程施工前,由主管技术领导向参与施工的人员进行的技术性交待,其目的是使施工人员对工程特点、技术质量要求、施工方法与措施和安全等方面有一个较详细的了解,以便于科学地组织施工,避免技术质量事故的发生。

⑦喷锚支护是指由喷射混凝土、锚杆和钢筋网等组合而成的支护结构。

⑧监控量测是隧道施工中对围岩和支护动态进行的经常性观察和测量。

⑨二次衬砌是指在初期支护内侧施作的模筑混凝土衬砌,与初期支护共同组成复合式衬砌。

⑩工序是指施工过程中,具有相对独立特点的作业活动,或由必要的技术间歇或停顿分割的作业活动,它是施工过程的基本单元。

2 工艺试验前提条件

项目管理机构和施工、监理、设计单位成立工艺试验组织管理机构，编制工艺试验推进计划，安排专人负责工艺试验的具体实施，明确参建各方和各级参与部门、人员的职责，确保工艺试验管理工作落到实处。

2.1 基本要求

1 项目管理机构成立由分管领导任组长，工程和安质部负责人、相关专业技术人员和施工、监理单位负责人以及设计单位现场负责人任组员的工艺试验领导小组，并成立专家组。

1)安排专人专职开展工艺试验管理，确保工艺试验管理工作落到实处。

2)制订管理制度，明确各参与人员在试验各阶段的职责。

3)依据项目实际制定工艺试验工作推进计划和工作展开表。

4)对工艺试验专项方案进行审核。

5)定期召开工艺试验工作总结分析会议，检查、总结、分析、协调解决工艺试验工作的突出问题，每月定期对工艺试验工作进行总结。

6)对工艺试验进行全过程管理，确保工艺试验数据和成果的真实性和准确性，督促施工、监理单位做好工艺试验资料的管理，并建立台账。

7)试验完成后，应检查监督施工单位按试验结果完善优化施工工艺，并在全线推广应用。

8)根据具体工艺试验的目的和要求，结合现场出现的问题或者典型事例，积极采取科学、有效的手段，开展工艺试验工作程序、标准规范、技术条件、质量控制重点和相应措施等专项培训，并纳入项目管理机构教育培训计划。

2 监理单位成立由总监理工程师任组长，隧道、测量、试验专业监理工程师和相关监理人员任组员的工艺试验监理组。

1)制定本单位的管理制度,明确相关人员的职责。

2)对施工单位提报的工艺试验专项方案进行审核。

3)总监理工程师组织制订针对性的专项监理计划,对关键工序进行签认,对施工单位提交的工艺试验技术总结报告进行审核,组织初评估,编写监理总结和初评估报告。

4)专业监理工程师对施工单位提报的工艺试验方案进行审核,编制监理实施细则并在实施过程中进行全方位的监督管理,对试验过程中的每道工序进行签认,对试验报告中数据的真实性和准确性负责。

5)试验完成后,监督施工单位按审批确定的的工艺参数施工。

6)对工艺试验工作程序、超前地质预报①、开挖工法、钻爆设计、监控量测、防水板铺设和二次衬砌混凝土浇筑等监理要点进行专项培训,并纳入监理教育培训计划。

3　设计单位成立由现场负责人任组长,相关专业设计人员任组员的工艺试验配合组。

1)制定本单位的工艺试验管理制度,指定专人现场配合工艺试验。

2)参与审查施工单位提报的工艺试验专项方案,指导工艺试验实施,参与工艺试验技术总结的验收评估,对最终工艺参数进行确认。

3)对工艺试验施工进行定期和不定期检查。

4　施工单位成立由负责人任组长,工程、安质、计划物资部和试验室负责人及相关专业技术人员任组员的工艺试验现场推进组。

1)制定本单位的工艺试验管理制度,明确职责,建立工作机制。

2)编制工艺试验专项方案报监理单位和项目管理机构进行审核。

3)根据批准的工艺试验专项方案组织开展工艺试验工作,及时记录相关数据,做好试验数据、影像资料的收集工作,建立台账。

4)编制工艺试验技术总结报告和自评估报告,做好试验数据、影像资料的整理和保存工作,及时申请验收评估。

5)根据验收评估最终确认的试验参数,优化施工工艺,组织推广应用。

6)开展工艺试验工作程序、超前地质预报、开挖工法、钻爆设计、监控量测、防水板铺设和二次衬砌混凝土浇筑等专项培训。

①超前地质预报是在分析既有地质资料的基础上，采用地质调查、物探、超前地质钻探等手段，对隧道开挖工作面前方的工程地质和水文地质条件及不良地质体的工程性质、位置、产状、规模等进行探测、分析判译及预报，并提出技术措施建议。

2.2 工作制度

项目管理机构和施工、监理、设计单位应建立确保工艺试验顺利实施的各项制度，主要包括技术、质量、安全、施工方案审查、培训、技术交底、作业指导书、监理旁站、监理检查巡查、试验检验、施工测量复核、过程检验验收、总结和验收评估、物资设备等内容。

1 技术管理制度

技术管理制度是指在基础技术管理工作中必须建立的一些制度，由项目管理机构分管领导组织工程、安质等部门根据国家法律法规、铁道部和铁路局相关规范和规定，结合工程实际情况，在正式开工前编制完成，以文件形式签发。施工、监理单位根据项目管理机构编制的技术管理制度，结合工程实际情况，在正式开工前编制完成，以文件形式签发，报送项目管理机构备案。主要包括：工程测量、施工图现场核对、施工技术交底、开工报告申请、作业指导书编制、专项施工方案及专家论证审查、基础技术资料管理等内容。

1)施工图现场核对

项目管理机构收到施工图设计文件后，及时组织设计、监理、施工单位有关技术人员完成施工图核对，重点核对技术、安全、环保、水保等措施。施工、监理单位接到施工图后，应进行施工图现场核对，重点核对标高、位置等。监理单位在批准工点开工报告时，应说明该工点施工图现场核对情况，未经现场核对的工点不准开工。

2)开工报告申请

隧道工艺试验应填报开工报告，开工报告申请主要包括工程开工报审表、主要进场人员报审表、进场施工机械、设备报验单等内容，报监理单位、项目管理机构依次审核同意后方可开工。项目管理机构、监理单位应重点审查:现场是否具备开工条件,施工方案是否报审并修改完善,人员资质、数量是否满足要求,进场机械设备是否满足要求,进场材料是否检验合格。

3)基础技术资料管理

工艺试验基础技术资料主要包括设计文件、施工图纸、相关协议纪要、工艺试验专项方案、专项监理实施细则、作业指导书、技术交底、测量复核记录、试验检验资料、各阶段报审表、试验参数记录、各种总结报告、技术活动资料(含文字、图片、图纸)、工序签认记录等。每道工序结束后,基础技术资料应及时整理、组卷。

2 质量管理制度

质量管理制度是为确保工程质量得到有效控制而制定的一系列制度,由项目管理机构分管领导组织工程、安质部等部门根据国家法律法规、铁道部和铁路局相关规范和规定,结合工程实际情况,在正式开工前编制完成,以文件形式签发。施工、监理单位根据项目管理机构编制的质量管理制度,结合工程实际情况,在正式开工前编制完成,以文件形式签发,报送项目管理机构备案。主要包括材料、设备进场检验及存储管理、工程质量试验、样板引路、质量检查申报与签认、成品保护等内容。

1)质量检查、申报与签认

项目管理机构组织施工、监理单位定期对工艺试验实施情况进行综合检查,各级负责人、技术人员、安质人员应经常对施工作业场所进行检查,对发现的质量问题现场填发问题整改通知书,明确整改计划、措施、责任人和标准。各工序完成后,施工单位应严格遵守“三检”制,由质量员自检合格后,填写检验批报监理单位验收,验收合格后进入下一步工序。项目管理机构和施工、监理单位必须按规定进行工序签认。

2)样板引路

施工单位严格工艺试验每道工序的控制,项目管理机构组织设计、监理、施工单位验收合格后作为样板工程。

3 安全管理制度

安全管理制度是安全基础管理工作的基本依据,由项目管理机构分管领导组织工程、安质部等部门根据国家法律法规、铁道部和铁路局相关规范和规定，结合工程实际情况，在正式开工前编制完成，以文件形式签发。施工、监理单位根据项目管理机构编制的安全管理制度结合工程实际情况，在正式开工前编制完成，以文件形式签发，报送项目管理机构备案。主要包括安全生产责任、安全生产教育培训、安全技术交底、特种作业与特殊岗位人员持证上岗、安全检查与考核、机械与电气设备及危险岗位的操作规程和书面告知、“三同时”、应急处置等内容。

1)安全生产责任

项目管理机构和施工、监理单位应分级成立安全管理组织机构，建立健全安全组织、技术措施保证体系，明确各级领导和部门及各岗位人员的安全职责；按照规定和现场需要分级设置专门检查机构，配备专职安全工程师。

2)特种作业与特殊岗位人员持证上岗

施工单位隧道、试验、测量、爆破、质量、安全专业人员、大型施工机械操作人员和测量专业监理人员应持国家或相关部门颁发的有效证件，持证上岗。

3)安全检查与考核

项目管理机构和施工、监理单位应根据铁道部《关于铁路建设项目施工及监理考核的指导意见》(铁建设〔2008〕247号)和铁路局、项目管理机构的相关规定建立安全检查评比考核办法。在隧道工艺试验施工过程中，实行安全奖罚；项目管理机构和施工、监理单位应按规定对施工现场进行安全检查，对发现的问题现场填发问题整改通知书，明确整改计划、措施和责任人。

4)机械与电气设备及危险岗位的操作规程和书面告知

施工单位应向洞内施工的爆破作业台架、空压机、装载机、装渣自卸汽车、湿喷机、防水板铺设台架、二衬模板台车、地泵等操作人员以及洞内的作业人员书面告知危险岗位的操作规程和违章操作的危害。对涉及危险源的从业人员应按规定提供安全防护用具和安全防护服装，并书面告知危险岗位的操作规程和违章操作的危害。

5)应急处置

为保证隧道工艺试验的实施,及时、高效、有序、妥善地处置突发事件(以下简称隧道突发事件),防止事件蔓延扩大,最大限度地减少人员伤亡和财产损失,维护隧道生产秩序和社会稳定,针对可能发生的事故,编制应急处置方案,主要包括总则、危险性分析、组织结构及职责、预防与预警、应急响应、信息发布、后期处置、保障措施等内容。

对机械、试验设备使用和试验、作业人员存在的危险源进行分析,明确危险源等级。针对发生隧道塌方、突水、涌泥、机械倾覆、机械伤人、触电伤害等情况,制订针对性的处置措施。对施工现场发现的安全隐患,要立即处理,隐患未克服,不得继续施工,发生安全事件时,要按规定程序进行处理。

4　工艺试验专项方案及专家论证审查

施工单位应根据设计文件、施工图、现场实际情况和项目管理机构、监理单位相关要求,编制工艺试验专项方案。编制后,应按规定程序、规范表格逐级上报、逐级审查,逐步完善。工艺试验专项方案应由项目管理机构或铁路局邀请专家进行论证、审查。

5　培训制度

施工前,项目管理机构和施工、监理单位应组织相关人员进行岗前学习培训和安全、技术交底,并经考试合格,建立培训档案。施工机械操作和监理、爆破、电气焊、架子工、试验、测量等人员须取得国家相关部门颁发岗位资格证。培训的主要内容:主要技术标准和工程建设情况,设计规范、施工指南、验收标准,施工工艺、技术要求,质量、安全控制重点及相应措施、检测方法等。

6　交底制度

交底主要包括设计交底、施工交底和监理交底。

设计交底由项目管理机构组织,设计单位交底;施工交底由施工单位按三级交底组织实施,交底内容包含技术交底、安全交底;监理交底由监理单位按二级交底组织实施,交底内容包含技术交底、安全交底。

技术交底的主要内容按照铁道部《关于印发〈铁路建设项目技术交底管理暂行办法〉的通知》(铁建设〔2009〕155 号)进行。设计技术交底由设计单位根据审核合格的施工图,就设计内容、设计意图和施工注意事项向施工、监理等单位进行说明,解答施工、监理等单位提出的问题;施工单位技术交底由项目总工程师及技术主管人员依据设计文件和设计技术交底纪要,将施工方案及施工工艺、施工进度计划、过程控制及质量标准、作业标准、材料设备及工装配置、安全措施及施工注意事项等向参与施工的技术管理人员和作业人员进行传达。

安全交底的主要内容包括:施工项目的作业特点和危险点、针对危险点的具体预防措施、应注意的安全事项、相应的安全操作规程、发生事故后采取的应急措施。

施工、监理单位交底前,应编制交底书,并按规定履行审核手续;交底完毕后,所有参加交底的人员应签认,记录存档。施工工艺、试验参数发生变化时,应重新进行技术交底。

7　作业指导书制度

施工单位应针对施工过程和施工工序,结合工程实际逐项编制作业指导书,经项目总工程师审批后下发执行。作业指导书发放和接收应统一编号和登记。施工工艺、试验参数发生变化时,应重新编制作业指导书。

8　监理旁站制度

监理工程师应分专业对隧道开挖、超欠挖回填、锚杆拉拔试验、爆破参数、防排水铺设、二衬混凝土浇筑等关键工序及关键指标的检测、监控进行全过程旁站。

9　监理检查、巡查制度

监理工程师应对工艺试验工作进行定期、不定期的检查、巡查,对试验过程进行全方位的监督管理。主要内容:施工单位是否按照批准的工艺试验专项方案进行施工;进场材料、设备是否按程序报验并核查其是否满足施工要求;施工单位是否及时对相关检测试验数据进行总结、修正、报审;施工单位是否按确定的工艺试验参数施工;施工单位现场管理人员是否到岗到位。

10　试验检验制度

施工、监理单位工艺试验使用的试验室需经授权、验收合格、满足施工现场检测需要。检测前,检测人员应掌握现场检测的方案;检测数据应在现场进行整理,原始记录应现场签认;检测结束后,应在规定时间内出具检测结论,及时反馈给参建各方。

平行或见证检验中发现不合格情况时,专业监理工程师及时通知施工单位暂停工序施工或返修处理;经进一步核查或处理后,重新按照规定进行检验、验收,直到合格为止。

11　工程测量复核制度

工程测量主要包括交接桩、施工复测、控制测量及放样测量等。施工、监理单位应根据试验段施工需要配齐合格的专职测量人员和测绘设备,测绘设备应在鉴定证书有效期内使用,按规定进行检验、校正;施工单位的检测仪器设备使用前应上报监理单位审批。

施工单位测量工作应按照“测量技术人员测量—技术主管复核—项目总工程师审定”的程序执行。监理单位在开工前复核中线、水准基点桩的设置,施工过程中按规定频次对隧道中线、高程、沉降观测等进行复核,重点做好洞内、洞外的联系测量、洞内控制测量和施工测量及施工中的位移观测。监理单位对施工单位测量过程按规定进行见证。测绘成果不合格时,应按规范要求补测或重测。

12　总结和验收评估制度

隧道每个工序结束后,施工、监理单位应及时对试验参数进行总结、分析、修正,为下一工序施工提供技术参数。工艺试验结束后,项目管理机构和施工、监理单位应按规定程序组织验收评估,及时编制总结报告,并报批;项目管理机构组织施工、监理、设计单位根据试验数据优化、修正设计参数和设计方案,确认最终参数。

工艺试验结束后,由专家组对试验结果进行验收和评估,形成试验段验收评估报告,施工单位根据批准后的报告组织全线施工。

3 工艺试验前期准备

工艺试验的前期准备工作主要包括试验段的选取，工艺试验专项方案和专项监理实施细则的制定、审核、完善，人员、机械设备、材料的配置、进场验收，作业指导书、技术交底的制订、审核。需注意的是当施工工艺、试验参数发生变化后，施工、监理单位要根据参数的变化重新进行作业指导书的编制和技术交底。

3.1 试验段的选取

隧道施工工艺试验前，设计单位进行施工图交底，项目管理机构负责组织勘察、设计、监理、施工等相关单位对施工现场进行全面调查，确定试验段数量、规模、位置。一般包含以下内容：施工范围内的地质、水文、气象、交通、沿线施工环境等情况；当地施工机械等资源情况；各项临时工程和防排水设施的设置情况；调查核对相关资料；设计工程数量。

1 工艺试验地点及规模确定

根据对施工环境的调查结果，选取对附近居民影响较小、水文地质具有代表性、交通便利、场地相对开阔、能最少破坏环境的工点作为试验工点。

隧道开挖应根据地质条件和设计要求，确定开挖方法，施工工艺。一般情况下，Ⅱ级围岩段采用全断面法；Ⅲ级围岩段采用台阶法；Ⅳ级围岩段采用三台阶开挖法；Ⅴ级围岩段采用三台阶四步开挖法、三台阶临时仰拱法或者双侧壁导坑法等。经过调查隧道施工环境及隧道的地质情况，选取较为复杂的围岩，对隧道开挖、防水板铺设、二衬施工等项目进行工艺试验。一般而言，选取隧道开挖、防水板铺设、二次衬砌等长度应结合二衬台车而定，目前二衬台车长度一般为 9～12 m。

试验段确定后，项目管理机构根据试验段选取结果编制试验段实施计划表（见附表 1），报铁路局批准。

2 试验段选取实例

以金温扩能改造工程隧道工艺试验为例，经过对沿线隧道调查，选取了汤村隧道、白阳岭隧道、大沃山隧道、盘龙寺隧道等隧道进行对比，其中盘龙寺隧道 DK73＋596～DK73＋640 设计为Ⅴ级围岩，地质情况为 J3X 流纹质晶屑凝灰岩，熔结凝灰岩，青灰色，弱风化，构造节理较发育，岩体较破碎，呈散块状结构，围岩自稳能力差、成洞性差，易掉块坍塌，地下水为基岩裂隙水，较发育；区域交通路网发达，可根据施工需要修筑场内施工便道，进入施工场地交通方便，施工人员、材料、设备都可沿便道直接进入施工现场，施工区域全部为有线和无线通讯覆盖，生产、生活用电选择可就近从指定接驳口引入，容量能满足生产生活需要，附近燃油供应充足，可满足需要；采用三台阶四步法开挖，上台阶开挖循环进尺为 0.6～0.8 m 左右。经各方面研究比选，最终确定盘龙寺隧道为工艺试验地点，其中 DK73＋596～DK73＋640 段实施超前地质预报及监控量测，长 44 m；DK73＋596～DK73＋620 段为Ⅴ级围岩开挖支护工艺试验段，长24 m；DK73＋619.2～DK73＋631.2 段为防水板铺设工艺试验段，长 12 m；DK73＋619.2～DK73＋631.2 段作为二次衬砌工艺试验段，长 12 m。

试验段确定后，金丽温铁路有限责任公司根据试验段选取结果填写试验段实施计划表，报上海铁路局批准。金温扩能改造工程盘龙寺隧道工艺试验试验段实施计划表见图 3.1—1。

3.2 专项方案

针对盘龙寺隧道开挖支护、防水板铺设、二次衬砌分别编制专项工艺试验实施方案，专项方案要具有较强的针对性和可操作性。

1 工艺试验专项方案

1)编制

试验段实施计划经铁路局批准后，施工单位应根据设计文件和有关标准，由项目总工程师组织隧道、测量、试验、质量、安全等专业工程师编制工艺试验专项施工方案。

工艺试验专项施工方案主要包括以下内容：

工艺试验实施计划表

工程项目名称	金温扩能改造工程	
实验性质	首段隧道开挖、防水板铺设、二次衬砌工艺性试验施工	
试验里程及长度	DK73+596～DK73+620 作为Ⅴ级围岩开挖支护工艺试验段，长 24m。 DK73+619.2～DK73+631.2 作为防水板铺设工艺试验段，长 12m。 DK73+619.2～DK73+631.2 作为二次衬砌工艺试验段，长 12m。	
所属标段	金温铁路扩能改造工程 JWSG-III标	
项目管理机构	单位名称	金丽温铁路有限责任公司
	主管人员	俞 醒
	联系电话	
施工单位	单位名称	中铁二十二局集团有限公司金温扩能工程指挥部
	主管人员	王新荣
	联系电话	
监理单位	单位名称	上海天佑监理金温扩能改造工程监理项目部
	主管人员	胡绍兴
	联系电话	
设计单位	单位名称	中铁第四勘察设计院集团有限公司
	主管人员	吴建军
	联系电话	
计划开工日期	2011.3	
计划完工日期	2011.5	

试验段概况：

开挖试验段选取代表性较强 DK73+596～DK73+620 作为Ⅴ级围岩开挖支护工艺试验段，长 24m。地质情况为 J3X 流纹质晶屑凝灰岩，熔结凝灰岩，青灰色，弱风化，构造节理较发育，岩体较破碎，地下水为基岩裂隙水，较发育。本地段是Ⅴ级围岩采用三台阶法四步法开挖，采用 YT-28 凿岩机钻孔、浅孔减震控制爆破，每循环进尺 0.70m 左右，确定合理的爆破参数。DK73+619.2～DK73+631.2 作为防水板铺设工艺试验段，长 12m。获取防止隧道渗漏水的技术措施，提高防排水施工质量。DK73+619.2～DK73+631.2 作为二次衬砌工艺试验段，长 12m。获取控制二衬混凝土强度及外观质量的有效措施。试验完成及时整理实验结果，作为该段隧道开挖施工时参考的依据。

我单位已根据《上海铁路局建设工艺试验管理办法》的有关规定，完成了该试验段的选取和实施计划安排。

项目管理机构(章)

日 期：2011.3

本表一式二份,由项目管理机构填[illegible]建设处、项目管理机构各一份。

图 3.1—1　金温扩能改造工程隧道工艺试验试验段实施计划表

(1)目的、意义:根据试验段类型重点表述工艺试验的目的及其意义,阐述试验段控制点及预期效果。

以金温扩能改造工程盘龙寺隧道工程开挖支护、防水板铺设、二衬施工工艺试验为例,该试验段的目的、意义:

通过多次对比试验,优化人员配置、机械组合,发挥人员、机械最大功效;

获取最佳爆破参数,得出控制隧道超欠挖的有效措施;

获取喷射混凝土支护最佳参数,得出控制粉尘、控制回弹量的有效措施,改善施工环境,控制施工成本。

获取防止隧道渗漏水的技术措施,提高防排水施工质量。获取控制二衬混凝土强度及外观质量的有效措施。

(2)编制依据、原则:现行验标、技术规程及施工技术指南,《铁路隧道工程施工质量验收标准》、《铁路隧道工程施工技术指南》、《上海铁路局建设工程工艺试验管理办法》和施工组织调查报告、项目管理机构相关批复文件,设计施工图,施工现场调查资料等。

(3)工程概况、设计要求、技术难点、过程重点:介绍项目的工程情况,主要技术标准,着重介绍与施组有关的工程特点、控制工序、重点工序。根据试验段的目的和意义编制试验段重点控制工序及控制措施。总体要求突出重点,目标明确,措施得力。

以金温扩能改造工程盘龙寺隧道为例,工艺试验重点控制的是隧道超前地质预报方法、开挖方法、钻爆参数、初期支护结构、监控量测实施、防水板铺设、二衬施工等原材料指标、试验方法、频次和结果的要求。

(4)施工机械和人员配置、劳力组织:根据试验段规模介绍施工机械种类、工种和劳力分配,形成资源配置表,其中包括:机械配置表和劳力配置表以及劳力分配表。

(5)计划节点安排:根据试验段总工期安排,分解每道工序工期,同时反向验证总工期合理性。工期节点安排要符合实际,同时应根据施工进展情况合理调整节点工期,得出实际合理的工序时间,以便为后续整体施工提供指导意见。

(6)质量标准、关键技术:根据试验段目的、意义、重点工序、易发问题确定安全、质量控制要点,控制要点应能贯穿试验全过程,并突出关键技术。过程重点:对隧道开挖支护、防水板铺设、二衬施工等施工工序顺序、质量的控制。

以金温扩能改造工程盘龙寺隧道工程开挖支护、防水板铺设、二衬施工工艺试验为例,工艺试验过程重点为:

通过工艺试验,不断优化人员、机械配置及施工工艺,控制隧道开挖支护、爆破参数、防水板铺设工艺、二衬施工质量和施工进度。

(7)施工方法、工艺、流程:根据隧道开挖支护、防水板铺设、二衬施工工艺试验的主要工作内容简要叙述施工方法、工艺流程,并形成工艺流程图。

(8)施工中应注意和重点控制的事项:隧道开挖中应按设计开挖工法施工,不得随意改变。钻爆参数经试验确定,根据围岩的变化,及时调整;防水板铺设重点控制基面处理和焊缝质量,二衬混凝土浇筑要控制耐久性混凝土、预埋件、施工工艺等控制措施。

(9)安全质量、文明施工:①文明施工:机械施工的噪声控制、现场便道、材料堆放、宿舍等临时设施的标准、标识标牌的位置等。②安全措施:安全生产责任制、施工用电、管线确认、机械防护、应急预案、冬(雨)季注意事项、人员防护和安全培训等。③质量措施:原材料进厂验收、工序验收、过程监控等。

(10)工艺试验施工阶段的风险评估及风险规避措施、应急措施。

(11)施工过程中对环境的影响,对各种影响因素所采取的预防和保护措施等。

2)审查

(1)审查重点:管理人员配置、劳力组织是否满足要求;施工机械配备是否满足要求;施工安排是否合理;施工方法、工艺、流程是否得当;质量标准、重点控制事项是否明确;安全质量保证体系是否健全;安全、环保、消防和文明施工是否符合有关规定;核实施工技术人员落实情况及相关人员对现场施工环节的熟悉情况等。

(2)审查程序

工艺试验专项方案审查流程见图 3.2—1。

施工单位方案编制完成经内部审查合格后,填写施工方案报审表,报上级主管部门技术负责人审查后，签署审查意见。施工单位工艺试验专项方案报审表见附表2。

施工单位根据上级主管部门审查意见修改完善后，填写工艺试验专项方案报审表，报监理单位审核。监理单位总监理工程师组织隧道、测量、试验、质量、安全等专业监理工程师召开专题审查会，形成书面审核意见。施工单位根据监理单位审核意见，再次修改完善方案，经监理单位同意后，填写工艺试验专项方案报审表，上报项目管理机构。工艺试验专项方案报审表见附表3。

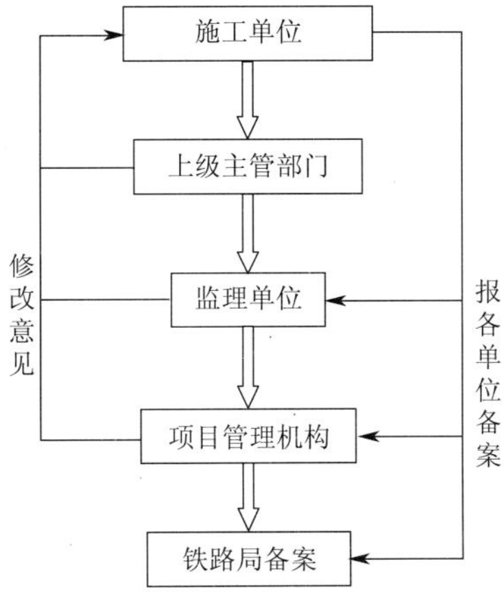

图3.2—1 专项施工方案审查流程图

项目管理机构应组织相关参建单位对工艺试验施工方案进行初步审查，施工单位根据初步审查意见对实施方案进行修改完善后，由项目管理机构填写试验段实施方案审查申请表（见附表4），将修改完善的实施方案报铁路局审查。

以金温扩能改造工程盘龙寺隧道施工为例，工艺试验实施方案审查申请表见图3.2—2。

铁路局组织项目管理机构和设计、施工、监理单位等相关单位，并邀请有关专家对上报的专项方案进行审查、批复，形成试验段方案审查批复表。试验段方案审查批复表见附表5。

以金温扩能改造工程盘龙寺隧道施工为例，工艺试验试验段方案审查批复表见图3.2—3。

3）项目管理机构根据铁路局批复意见完善实施方案，并填写试验段方案修改备案表，报铁路局备案。试验段方案修改备案表见附表6。

以金温扩能改造工程盘龙寺隧道施工为例，工艺试验试验段方案修改备案表见图3.2—4。

工艺试验实施方案审查申请表

<table>
<tr><td>工程项目名称</td><td colspan="2">金温扩能改造工程</td></tr>
<tr><td>实验性质</td><td colspan="2">首段隧道开挖、防水板铺设、二次衬砌工艺性试验施工</td></tr>
<tr><td>试验里程及长度</td><td colspan="2">DK73+596～DK73+620 作为Ⅴ级围岩开挖支护工艺试验段，长 24m。
DK73+619.2～DK73+631.2 作为防水板铺设工艺试验段，长 12m。
DK73+619.2～DK73+631.2 作为二次衬砌工艺试验段，长 12m。</td></tr>
<tr><td>所属标段</td><td colspan="2">金温铁路扩能改造工程 JWSG-III标</td></tr>
<tr><td rowspan="3">项目管理机构</td><td>单位名称</td><td>金丽温铁路有限责任公司</td></tr>
<tr><td>主管人员</td><td>俞 醒</td></tr>
<tr><td>联系电话</td><td></td></tr>
<tr><td>计划开工日期</td><td colspan="2">2011.3</td></tr>
<tr><td>计划完工日期</td><td colspan="2">2011.5</td></tr>
<tr><td>申请方案审查时间</td><td colspan="2">2011.3</td></tr>
<tr><td colspan="3">我单位已根据《上海铁路局建设工艺试验管理办法》的有关规定，完成了该试验段实施方案的初步审查。现申请路局建设处对实施方案组织审查。

项目管理机构(章)
日 期：2011.3</td></tr>
</table>

本表一式二份,由项目管理机构填写,建设处、项目管理机构各一份。

图 3.2—2　金温扩能改造工程隧道工艺试验实施方案审查申请表

工艺试验实施方案审查批复表

工程项目名称	金温铁路扩能改造工程	
试验性质	工艺性试验	
试验里程及长度	DK73+596～DK73+620 作为V级围岩开挖支护工艺试验段，长 24m。 DK73+619.2～DK73+631.2 作为防水板铺设工艺试验段，长 12m。 DK73+619.2～DK73+631.2 作为二次衬砌工艺试验段，长 12m。	
所属标段	Ⅲ标	
项目管理机构	单位名称	金丽温铁路有限责任公司
	主管人员	俞醒
	联系电话	
计划开工日期	2011年3月	
计划完工日期	2011年5月	
方案审查时间	2011年3月	

实施方案审查批复意见：（专家组审查报告另附）

具体意见见专家组审查意见，请项目管理机构组织各参建单位按照专家组审查意见进行补充完善，并报铁路局备案。

建设管理处（章）

日 期：3月2011

本表一式二份，由建设管理处填写，建设处、项目管理机构各一份。

图 3.2—3 金温扩能改造工程隧道工艺试验段方案审查批复表

工艺试验实施方案修改备案表

<table>
<tr><td>工程项目名称</td><td colspan="2">金温铁路扩能改造工程</td></tr>
<tr><td>试验性质</td><td colspan="2">工艺性试验</td></tr>
<tr><td>试验里程及长度</td><td colspan="2">DK73+596～DK73+620作为Ⅴ级围岩开挖支护工艺试验段，长24m。
DK73+619.2～DK73+631.2作为防水板铺设工艺试验段，长12m。
DK73+619.2～DK73+631.2作为二次衬砌工艺试验段，长12m。</td></tr>
<tr><td>所属标段</td><td colspan="2">Ⅲ标</td></tr>
<tr><td rowspan="3">项目管理机构</td><td>单位名称</td><td>金丽温铁路有限责任公司</td></tr>
<tr><td>主管人员</td><td>俞醒</td></tr>
<tr><td>联系电话</td><td></td></tr>
<tr><td>计划开工日期</td><td colspan="2">2011年3月</td></tr>
<tr><td>计划完工日期</td><td colspan="2">2011年5月</td></tr>
<tr><td>方案审查时间</td><td colspan="2">2011年3月20日</td></tr>
<tr><td colspan="3">针对实施方案审查批复意见修改结果（修改后实施方案和细则详见附件）:

项目管理机构（章）

日　期: 2011. 3. 20</td></tr>
</table>

本表一式二份，由项目管理机构填写，建设处、项目管理机构各一份。

图 3.2—4　金温扩能改造工程隧道工艺试验段方案修改备案表

2 工艺试验专项监理实施细则

1)编制

(1)监理单位应根据已批准的监理规划、相关的标准、设计文件、技术资料和施工组织设计,编制工艺试验专项监理实施细则,由总监理工程师组织隧道、测量、试验专业监理工程师负责编写。

(2)专项监理实施细则主要包括以下内容:

①编制依据:经批准的监理规划,施工图及设计技术交底,现行验标、规程、技术标准,经批准的施工组织设计等;

②工程概况、设计要求、专业工程特点:建设项目和试验段的规模、地理位置、线路走向、水文地质条件、气候特点、重难点内容、主要工程内容和数量等;

③监理人员配置:依据监理人员配备标准化原则,根据隧道方案,按试验段施工进展需要,以表格的形式列出监理进场人员情况,具体包含姓名、岗位、职称、专业、进出场时间、证书类型、证书编号等基本信息。

④监理工作范围及重点:施工准备重点检查人员配置、机械设备选型、材料质量控制等;施工过程重点检查施工过程与方案的吻合性;施工过程中施工工艺优化后的总结;根据每道工序的实施情况和检测数据,进行小结分析,实时纠偏,并做好相应的记录。

⑤监理工作流程:以流程图的形式列出,并辅以简要文字说明。按施工准备以原材料、方案审批等为重点,施工过程以隧道开挖支护、防水板铺设、二衬浇筑等为重点进行逐项监控。

⑥监理工作控制目标、监控手段、检测方法。

目标:根据批准的专项施工方案核实实施,在其实施过程中不断优化,确保在经济合理,质量最优的前提下在全线推广。

监控手段:采取巡视、旁站、抽检等三种方式进行监督控制。对原材料、混凝土浇筑等关键部位及工序巡视、旁站、见证试验与平行检验;根据监理规范对关键部位、隐蔽工程进行全过程监控。

2)审查

(1)审查程序

专项监理实施细则审查流程见图 3.2—5。

专项监理实施细则编制完成后，经内部审查合格，填写专项监理实施细则报审表，报监理单位上级主管部门技术负责人审查后，签署审查意见。监理单位根据上级主管部门审查意见修改完善后，上报项目管理机构审查。

鉴于工艺试验重要性，专项监理实施细则宜由项目管理机构组织进行审查。监理单位根据审批意见对专项监理实施细则再次进行修改完善，报项目管理机构备案。

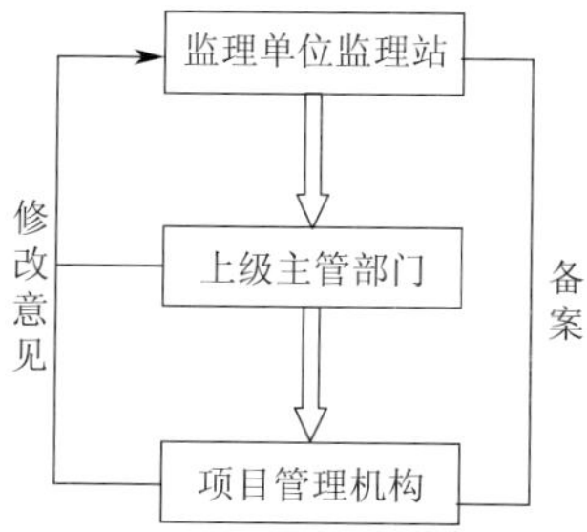

图 3.2—5 专项监理实施细则审查流程图

专项监理实施细则报审表见附表 7。

(2)完善

施工过程中，爆破参数、工艺工法等发生变化后，监理单位应根据实际情况，及时补充、修订专项监理实施细则。

3.3 资源配备

资源配备按照确定的试验段规模进行配备。确保工期计划和安全质量目标的实现。

1 人员

施工单位应配置专业化的施工队伍，宜成立专门的架子队负责工艺试验施工，架子队组织形式按照职能矩阵组织形式，符合铁道部的有关要求，并具有同类施工的管理经验。施工单位人员培训合格后，须报监理单位审查同意后，方可进场。主要进场人员报审表见附表 8。

以金温扩能改造工程盘龙寺隧道工程开挖支护、防水板铺设、二衬混凝土施工工艺试验为例，施工、监理单位现场管理、技术人员配备按以下条件执行：

1)施工单位：项目部(分)部专职管理人员，隧道、试验、测量、质量专业工程师；架子队队长、技术负责人、质量员、试验员、材料员、领工员、工班长等。

2)监理单位:分管副总监理工程师,隧道、试验、测量专业监理工程师,现场监理员等。

3)以 24 m 长(两个衬砌段)的试验段规模为基准,人员配备数量可参表 3.3—1 执行。试验段规模发生变化时,架子队领工员、工班长和劳务作业人员可适当增减。

表 3.3—1　隧道工艺试验主要人员配备表

<table>
<tr><th>单位(部门)</th><th>专业人员</th><th>数量</th><th>单位(部门)</th><th>专业人员</th><th>数量</th></tr>
<tr><td rowspan="5">项目部</td><td>专职管理人员</td><td>5</td><td rowspan="10">架子队</td><td>队长</td><td>1</td></tr>
<tr><td>隧道专业工程师</td><td>1</td><td>技术负责人</td><td>1</td></tr>
<tr><td>试验专业工程师</td><td>1</td><td>技术员</td><td>1</td></tr>
<tr><td>测量专业工程师</td><td>1</td><td>质检员</td><td>1</td></tr>
<tr><td>安全、质量工程师</td><td>2</td><td>安全员</td><td>1</td></tr>
<tr><td rowspan="5">监理站</td><td>分管副总监理工程师</td><td>1</td><td>材料员</td><td>1</td></tr>
<tr><td>隧道专业监理工程师</td><td>1</td><td>试验员</td><td>1</td></tr>
<tr><td>试验专业监理工程师</td><td>1</td><td>领工员</td><td>3</td></tr>
<tr><td>测量专业监理工程师</td><td>1</td><td>工班长</td><td>3</td></tr>
<tr><td>现场监理员</td><td>3</td><td>劳务人员</td><td>108</td></tr>
</table>

2　机械设备

根据铁路隧道工艺试验各工序要求,按照技术先进、安全适用、节能环保的原则,合理配置机械设备,积极推进机械化施工,根据需要配备相应的测量仪器和试验检测设备,并保证所有设备状态良好。施工前,施工单位应向监理单位提交机械报审表,附机械设备的合格证、检测报告、机械操作证等相关资料,报监理单位批准。进场施工机械、设备报验单见附表 9。施工机械进场后,施工、监理单位须共同对施工机械参数进行验证,核对施工机械理论参数和实际参数的差值,以便施工过程中及时纠偏。

以金温扩能改造工程盘龙寺隧道工程开挖支护、防水板铺设、二衬混凝土施工工艺试验为例,该工艺试验段采用主要施工机械为:电动空压机、风动凿岩机、挖机、装载机、湿喷机、注浆机、防水板焊接机、混凝土罐车、自卸汽车等。主要机械设备配置见表3.3—2。

表3.3—2　隧道工艺试验主要设备配置表

序号	设备名称	设备规格型号	数量	使用工序
1	电动空压机	4L-20/8	4	开挖、支护
2	风动凿岩机	YT28	20	开挖、支护
3	挖掘机	ZX200-3	1	开挖
4	侧翻式装载机	ZL50C	2	开挖
5	自卸汽车	HFC3250KR1	4	开挖
6	轴流通风机	110 kW	1	各工序
7	地震波检测系统	TSP203	1	超前地质预报
8	地质雷达	SIR-3000	1	超前地质预报
9	潜孔钻机	YQ100E	1	超前地质预报
10	柴油发电机组	120 kW	1	备用
11	开挖、支护台架	自制	1	开挖、支护
12	仰拱栈桥	自制	1	仰拱
13	湿喷机	ZSP-6D	2	支护
14	注浆机	NZL30A	1	支护
15	仰拱弧形模板	自制	1	仰拱
16	衬砌台车	12 m	1	衬砌
17	防水层铺设台架	自制	1	防水、钢筋
18	爬焊机	JIT810	2	防水板铺设
19	风焊枪	—	2	防水板铺设
20	混凝土输送泵	HBT60	1	衬砌
21	电焊机	BX3-300	2	支护
22	混凝土运输车	8 m^3	5	支护、衬砌
23	插入式振动器	5 m	2	衬砌
24	低压变压器	36 V	3	各工序
25	水准仪	DSZ2	1	各工序
26	全站仪	TCR802	1	各工序

3 材料

工艺试验所需的各种材料物资应集中采购，并经检测合格。施工前，施工单位应对使用的原材料进行检测，检测合格后，向监理单位提交材料报验单（见附表10），附原材料合格证、检测报告报监理单位，经批准方可进场使用，监理单位根据实际情况进行平行检测。

以金温扩能改造工程盘龙寺隧道工程开挖支护、防水板铺设、二衬施工工艺试验为例，原材料主要包含水泥、钢材、碎石、砂、速凝剂、减水剂、锚杆、防水板、止水带等。主要材料见表3.3—3。

表3.3—3 隧道工艺试验主要材料计划配置表

序号	施工工序	材料名称	规格、型号	检验状态
1	开挖支护	水泥	P·O 42.5	合格
2		砂	中砂	合格
3		碎石	5～15 mm	合格
4		速凝剂	ZWL型液体	合格
5		纤维素纤维	TB-UF500	合格
6		砂浆锚杆	ϕ22 mm	合格
7		中空锚杆	D2513×4.5、ϕ25 mm	合格
8		HPB235钢筋	ϕ6 mm，ϕ8 mm，ϕ10 mm，ϕ22 mm，ϕ25 mm	合格
9		工字钢	Q235B、I18、I20a	合格
10		H型钢	Q235B、HW175	合格
11	防排水	防水板	EVA防水板	合格
12		土工布	400 g/m^2	合格
13		橡胶止水带	300×6	合格
14		钢边止水带	300×6	合格
15		HDPE打孔波纹管	ϕ110 mm	合格
16		水泥	P·O 42.5	合格
17		碎石	16～31.5 mm	合格

续上表

序号	施工工序	材料名称	规格、型号	检验状态
18	二次衬砌	粉煤灰	F类	合格
19		水泥	P·O 42.5	合格
20		砂	中砂	合格
21		碎石	5～31.5 mm	合格
22		减水剂	AN4000	合格
23		纤维素纤维	TB—UF500	合格
24		HPB235 钢筋	ϕ6 mm，ϕ8 mm，ϕ10 mm，ϕ22 mm，ϕ25 mm	合格

主要材料中，止水带的硬度(邵尔 A)(度)、拉伸强度(MPa)、扯断伸长率(%)、压缩永久变形、撕裂强度(N/m)、脆性温度(℃)、热空气老化(70 ℃×168 h)、臭氧老化(50 pphm；20%；48 h)、橡胶与金属带黏合等指标进行试验合格后方可使用，施工单位检查产品合格证，出厂检验报告并按上述性能指标进行试验。监理单位检查全部产品合格证、出厂检验报告、进场试验报告，并按施工单位检验数量的10%进行见证试验。止水带试验报告见图3.3—1。

锚杆的物理性能指标(公称直径、公称壁厚、公称质量)、力学性能(屈服强度、抗拉强度、屈服力、最大力、断后伸长率等)等指标进行检验，施工单位对锚杆的规格进行全部检查，对其物理性能随机抽样3%进行检验，对其力学性能按进场批次，每批次抽样2套进行检验；对锚杆的产品合格证、出厂检验报告并取样进行试验。监理单位检查全部产品合格证、出厂检验报告、施工单位试验报告，并按施工单位检查次数的10%进行见证检验。中空锚杆试验报告见图3.3—2。

防水板的材料性能、断裂拉伸强度(MPa)、拉断伸长率(%)、撕裂强度(N/m)、不透水性、低温弯折(℃)、加热伸缩量(mm)、热空气老化(80 ℃×168 h)、耐碱性、人工侯化、刺破强度(N)等指标进行检验，施工单位按进场批次每10 000 m^{2}检验一次，不足10 000 m^{2}也按一次计，对防水板的产品合格证、质量证明文件，并对防水板的厚度、密度、抗拉强度、断裂延伸率和土工复合材料单位面积的重量等性能指标进行试验。监理单位检查全部产品合格证、质量证明文件、试验报告，并按施工单位检验次数的10%进行见证检验。防水板试验报告见图3.3—3。

SGS

SHTJ-TB-19

第2页 共3页

检 测 报 告

委托编号：CQREWS-20110022

检测类别：送样

报告编号：CAREWS-ZSD20110022

委托单位	中铁二十二局集团金温扩能改造工程	工程名称	金温扩能改造工程
工程地址	/	工程部位	隧道工程
样品名称	中埋式止水带	生产单位	衡水桥闸工程橡胶有限公司
样品规格	300*6 S	样品批号	2011-22-SZ001
代表数量	5 000 m	检测日期	2011.3.24
见证单位	上海天佑公司金温扩能改造工程	见证人（证书编号）	刘有萍
检测依据	GB/T531.1-2008、GB/T528-2009、GB/T7759-1996、GB/T529-2008、GGB/T3512-2001、GB/T1690-2006	评定依据	铁路隧道防水材料暂行技术条件第二部分 止水带（2008年3月实施）

序号	检测项目（单位）		技术指标	检测结果	单项评定
1	邵氏硬度		60±5	63	合格
2	拉伸强度，MPa		≥12	12.6	合格
3	扯断伸长率，%		≥450	544	合格
4	永久压缩变形（70℃，24 h），%		≤30	28	合格
5	撕裂强度，（kN/m）		≥25	38	合格
6	热空气老化 70℃×168 h	硬度变化	≤+6	+4	合格
		拉伸强度，MPa	≥10	10.8	合格
		拉断伸长率，%	≥400	480	合格
声明	1. 非本试验室抽样的样品检测，本试验室仅对来样的检测数据负责； 2. 若对以上检验结果有疑问，请在报告发出之日起十五天内向本试验室提出； 3. 未经本试验室许可，部分复制本报告内容无效； 4. 报告（复印件）无检测单位印章无效，发生任何涂改无效。				

检测单位（盖章）： 审核： 检测：

图 3.3—1 金温扩能改造工程隧道中埋式止水带试验报告

金温铁路扩能改造工程

2009002547N

中空描杆试验报告

表号：铁建试报49
批准文号：铁建设[2009]027号

委托单位　中铁二十二局集团有限公司金温扩能改造工程一分部　报告编号　ZT22-I-MGXCJ05-11010701
工程名称　金温扩能改造工程　委托编号　WT-I-MGXCJ05-11010701
施工部位　盘龙寺隧道　产地厂名　重庆市国兴机械制造有限公司
规格　D2513*4.5　记录编号　ZT22-I-MGXCJ05-11010701
代表数量　6 750 m　报告日期　2011/01/07

项目		标准规定	试件编号		
			1	2	3
拉伸试验	公称直径a(mm)	25	25	25	25
	公称截面面积S(mm²)	314.2	314.2	314.2	314.2
	原始标距L_0(mm)	5a	125	125	125
	屈服点 σ_s(MPa)	≥325	460	455	450
	抗拉强度 σ_b(MPa)	≥490	595	590	600
	伸长率 δ(%)	≥21	25.0	24.5	25.0
	最大力下的总伸长率A_{gt}(%)	/	/	/	/
	断口特征描述	延性断裂	延性断裂	延性断裂	延性断裂

检测评定依据：
《金属材料室温拉伸试验方法》GB/T228-2002；
《中空锚杆技术条件》TB/T3209-2008。

试验结论：
该批钢筋所检项目均符合《客运专线铁路隧道工程施工质量验收暂行标准》铁建设【2005】160号。

上海天佑监理公司 见证取样检测专用章 04
见证人：

试验　　复核　　批准　　单位(章)

图 3.3—2　金温扩能改造工程隧道工艺试验中空锚杆试验报告

SGS

SHTJ-TB-19

第 2 页 共 4 页

检 测 报 告

委托编号：CQREWS-20110021

检测类别:送样　　报告编号：CQREWS-FSJC20110021

委托单位	中铁二十二局集团金温扩能改造工程指挥部	工程名称	金温扩能改造工程
工程地址	/	工程部位	隧道工程
样品名称	EVA防水板	生产单位	江苏基能业有限公司
样吕规格	1.5 mm*27 m*3 m	样品批号	E-J-JNJW-110308-A-1-45
代表数量	5 000 m²	检测日期	2011.3.21
见证单位	上海于佑公司金温扩能改造工程一分站	见证人（证书编号）	刘有萍
检测依据	铁路隧道防水材料暂行技术条件第一部分防水板（2008年1月10日起实施）	评定依据	铁路隧道防水材料暂行技术条件第一部分防水板（2008年1月10日起实施）

序号	检测项目（单位）	技术指标	检测结果	单项评定
1	纵向拉伸强度，MPa	≥18	24.9	合格
2	横向拉伸强度，MPa	≥18	26.8	合格
3	纵向断裂伸长率，%	≥650	760	合格
4	横向断裂伸长率，%	≥650	828	合格
5	低温弯折性，℃	（-35℃，1 h）无裂纹	无裂纹	合格
6	纵向撕裂强度，kN/m	≥100	156	合格
7	横向撕裂强度，kN/m	≥100	144	合格
声明	1.非本试验抽样的样品检测，本试验室公对来样的检测数据负责； 2.若对以上检验结果有疑问，请在报告发出之日起十五天内向本试验室提出； 3.未经本试验室许可，部分复制本报告内容无效； 4.报告（复印样）无检测单位印章无效，发生任何涂改无效。			

检测单位（盖章）：　　审核：　　检测：

试验报告专用章

图 3.3—3　金温扩能改造工程隧道工艺试验防水板试验报告

3.4 作业指导书

1 编制

作业指导书应按照标准化管理理念，将先进成熟的工艺工法、科学合理的生产组织与建设标准、质量目标、安全要求以及现场施工条件结合起来进行编制，做到图文并茂，简明易懂，可操作性强。编制作业指导书前，施工单位应对施工现场进行调查核对，掌握技术规范、验收标准和安全、环保、水保等相关规定，根据国家和铁道部颁布的设计规范、施工指南和验收标准，经审核合格的施工图设计文件，现有施工装备，工艺工法，环境作业条件和试验段实际情况进行编制。

作业指导书由施工单位技术负责人组织专业管理技术人员进行编制。其主要内容包括：

1)适用范围：明确施工作业指导书适用的工程类别、地质、环境等作业条件。

2)作业准备：说明作业开始应具备的条件和应完成的工作，包括工艺试验专项方案，组织机构，工作制度，人员、主要机械设备、材料，施工图复核，验收等各项内容。

3)技术要求：明确隧道工程类别和项目应达到的技术指标、相应的技术标准。

以金温扩能改造工程盘龙寺隧道工程开挖支护、防水板铺设、二衬混凝土施工工艺试验为例，隧道开挖应结合工程地质条件、开挖断面、开挖方法、掘进循环进尺、钻眼机具和爆炸材料等进行钻爆设计，钻爆设计应根据爆破效果调整爆破参数。钻爆设计的内容应包括炮眼(掏槽眼、辅助眼、周边眼)的布置、深度、斜率和数目，爆破器材、装药量和装药结构，起爆方法和爆破顺序，钻眼机具和钻眼等符合设计要求。周边轮廓基本符合设计要求，岩石壁面平整。光面爆破[①]炮眼残余率硬岩达到80%以上、中硬岩达到60%以上。爆破后，在保留的半壁面上无粉碎和明显新生裂隙；防水板厚度应不小于1.5 mm，耐刺穿性好、柔性好、耐久性好；物理力学性能应符合设计要求；隧道二次衬砌应满足设计强度的要求、防水的要求、耐久性的要求。应达到结构密实、表面平整光滑、曲线圆顺。

4)施工程序与工艺流程:按照施工准备→超前地质预报→开挖支护→监控量测→防水板铺设→二次衬砌混凝土浇筑→养护工艺流程施工。

5)施工要求:分解说明工艺试验作业方法、采取的相关措施,需要控制的内容和参数。

以金温扩能改造工程盘龙寺隧道工程开挖支护、防水板铺设、二衬混凝土施工工艺试验为例,需要重点控制的是炮眼间距、炮眼数量、炸药用量、装药集中度等爆破参数;根据不同地段情况,选择合理的钻爆参数:采用一炮一分析制度,每次钻爆循环后,根据爆破震动速度,炮痕保存率、装药量、残眼深度及数量、抛渣距离、堆渣高度、岩渣块度等多方面的测量和数据对比分析,选择合理的钻爆参数,不断优化钻爆设计。

防排水施工在基面处理、防水板松铺系数、搭接长度、纵横向排水盲沟、无砂混凝土施工、焊缝搭接宽度、焊接质量、施工缝、变形缝等需进行重点控制,满足结构设计和使用要求;二衬主要包括测量放线、轨道铺设、台车及模板就位、基仓清理、涂脱模剂、安装挡头板及止水条(带)、预埋件安装、灌注前检查验收、输送管路安装及输送泵运转调试、混凝土拌和、运输、泵送入模、捣固、拆模、养生等,在隧道施工中,实行动态管理,及时调整,并在规范验标的基础上加大检测频次。

6)劳动组织:建设项目的劳动力组织方式,完成施工项目需要的人员构成、数量、使用安排和作业指标符合本指南第3.3节相关规定。

7)材料要求:完成试验施工项目的材料种类、型号、数量和使用计划、相关技术要求符合本指南第3.3节相关规定。

8)设备机具配置:施工项目需要的设备、机具的型号、性能和数量符合本指南第3.3节相关规定。

9)质量控制及检验:明确隧道各类施工项目的质量标准、控制要点、检查方法、验收程序及指标。

以金温扩能改造工程盘龙寺隧道工程开挖支护、防水板铺设、二衬施工工艺试验为例,隧道开挖轮廓形状和断面尺寸应符合设计要求,尽

量减小开挖轮廓线的放样误差，宜采用激光指向仪、隧道激光断面仪等辅助手段确定开挖轮廓线和炮孔位置；通过爆破试验，选择合理的钻爆参数，必要时在施工过程中，根据地质条件的变化和对振动波的监测，不断调整钻爆参数，实现光面爆破，把对围岩、支护及衬砌的扰动减到最小程度，光面爆破炮眼残余率硬岩达到80%以上、中硬岩达到60%以上；隧道开挖不应欠挖，当围岩完整、石质坚硬时，允许岩石个别突出部分侵入衬砌(每1 m^2 不大于0.1 m^2、高度不大于5 cm)。拱脚和墙脚以上1 m范围内严禁欠挖。防水板铺设前，应处理基岩面、对隧道净空进行检查，确保二衬厚度；防水板松铺系数、搭接长度、纵横向排水盲沟、无砂混凝土施工、焊缝搭接宽度、焊接质量、施工缝、变形缝应重点进行检查验收，防止隧道渗水、漏水。隧道施工所用材料、质量符合设计要求；施工、监理单位按照验标要求对开挖支护、爆破参数、防水板铺设、二衬混凝土浇筑及结构物外形尺寸、允许偏差、检验数量及检验方法进行验收。

10)安全及环保要求：对危险源进行识别并按照级别进行分级管理，明确施工项目安全方面的注意事项和卡控措施；按照文明施工要求，对施工现场和作业环节进行分析，提出控制要点，制订具体的环境保护措施和要求。

2　审查

作业指导书编制完成后，施工单位应报监理单位审查，并根据监理单位的审查意见进行修改、完善后，报项目管理机构。项目管理机构应根据项目情况及质量验收标准，组织监理、设计等单位对施工单位编制的作业指导书进行审核、确认。作业指导书报审表见附表11。

作业指导书不得与设计文件、施工指南以及验标发生矛盾。作业指导书经审查后，施工单位应及时发布，针对不同人员及需要将作业项目内容及资料进行摘要，并下发至现场管理人员及相关作业人员，在实施中要积极组织现场作业交底和人员培训，确保施工现场负责人、技术人员及主要作业人员全面掌握作业指导书内容和要求。

施工过程中，隧道爆破参数、工艺工法等发生变化后，施工单位应及时修订，重新报审、下发至现场管理人员及相关作业人员，重新组织现场作业交底和人员培训。

①光面爆破是指为了使爆破形成平整的开挖面，减小超挖，由开挖面中部向外侧依次顺序起爆的爆破方法。

3.5 技术交底

1 设计技术交底

工艺试验实施前，由项目管理机构组织设计、监理、施工单位相关人员进行设计技术交底。设计技术交底前，项目管理机构提前将施工图交付施工、监理单位；设计单位认真做好交底准备工作；施工、监理单位在现场核对的基础上，提出需要明确的问题和建议，保证交底质量。设计单位针对施工图，就设计主导思想，内容和施工注意事项向施工、监理等单位进行说明。如试验数量、原材料、施工工艺及参数、试验方法及频次、试验成果等方面的要求进行说明，解答施工、监理等单位提出的有关问题。设计技术交底的主要内容包括：

1)设计说明。主要介绍设计依据、设计原则、设计文件组成及内容、设计范围及内容（包括起止里程、设计相关数据等）、工程条件（地质、水文、等自然条件）、主要技术规范与质量标准（包括工艺参数范围、试验检测、原材料要求等）、技术安全措施。

2)施工方法和施工注意事项。主要介绍关键工序的施工技术要求、检测要求和施工注意事项，采取的施工安全措施。

3)文件中尚未说明的问题。主要介绍施工图文件完成时尚未明确及需要建设、施工单位和地方进一步协调配合解决落实的问题。

设计技术交底结束后，应形成交底纪要，并及时分发给各参加单位并存档。纪要内容包括：技术交底主持人、技术交底人员、设计技术交底内容，施工、监理单位参加人员，对建设、施工、监理等单位所提问题的答复及存在问题的处理意见，待定问题解决时间等。

2 施工技术交底

施工单位项目技术负责人及技术主管人员根据批准的专项方案，采取集中说明和现场交底相结合的方式，有针对性的进行交底。交底要细致全面，讲求实效，不能流于形式，要交到基层施工班组和作业人员，使施工人员明确和掌握施工工艺、质量标准、安全技术措施要求，明确工程材料、工艺、质量、安全、环保、进度要求和所采用的规范、验收标准等。

施工技术交底应依据设计文件和设计技术交底纪要，按项目总工程师→技术主管→作业队技术负责人→班组长及全体作业人员程序进行交底。交底后，应形成技术交底纪要，附必要的图表；参加技术交底人员签字确认，加盖项目部技术部门公章后生效，并纳入工程档案；施工技术交底记录表见附表12。

1）项目总工程师对项目部各部室及技术人员的技术交底，主要内容包括：隧道地质、水文情况、围岩等级等工程概况、图纸、实施性施工组织设计、安全、质量、环保、工期目标、总体施工顺序及主要节点进度计划安排；施工现场调查情况、施工场地布局、大临设施及过渡工程方案；主要施工技术方案、工艺方法，采用的新技术、新结构、新材料和新的施工方法；工程的重难点、主要危险源、应急预案及抢险救援机构和设备；特殊岩土和不良地质地段的施工方法，安全技术措施；主要工程材料设备、主要施工装备、劳动力安排及资金需求计划；工程技术和质量标准，重大技术安全环保措施；设计变更内容、施工中应注意的问题等。

2）技术主管人员对作业队技术负责人进行技术交底，主要内容包括：总体施工组织安排、施工作业指导书、分部分项工程交底；作业场所、作业方法、操作规程及施工技术要求；采用新技术、新工艺的有关操作要求；工程质量、安全环保等施工方面的具体措施及标准；有关施工详图和加工图，包括开挖支护台架、防水板铺设台架、仰拱栈桥、仰拱弧形模板、二衬台车加工图和拼装图、模板制作设计图、钢筋配筋图、基坑开挖图、工程结构尺寸大样图、隧道支护设计图等；试验参数及喷射混凝土、二衬混凝土等圬工配合比；测量放样桩橛、测量控制网、监控量测等；爆破设计；重大危险源的应急救援措施；成品保护方法及措施；施工注意事项等。

3）作业队技术负责人向班组长及全体作业人员的技术交底，主要内容包括：作业标准、规范及验收标准，工程质量要求；施工工艺流程及施工先后顺序；施工工艺细则、操作要点及质量标准；隧道初支、二衬等结构物的尺寸、里程、中线位置、高程等；格栅拱架、型钢拱架、衬砌钢筋施工详图及加工图，爆破设计、支护结构、模板制作、衬砌配筋；质量通病防治措施；隧道初期使用的钢筋、型钢、锚杆、小导管、锁脚锚杆（锚管）等材料的规格、材质要求，喷射混凝土、锚杆注浆、仰拱（填充）、二衬等混凝土等级、施工配合比；施工技术措施和安全技术交底；出现紧急情况下的应急救援措施、紧急逃生措施；劳动保护及环境保护有关注意事项等。

以金温扩能改造工程盘龙寺隧道工程开挖支护工艺试验为例，三级技术交底主要内容：

1）施工方法和工艺：在Ⅴ级围岩三台阶四步法施工中，开挖方法采用挖掘机配合人工风镐开挖，遇孤石时采用弱爆破，装载机配合自卸汽车出渣。测量技术人员利用控制桩点，画出工作面开挖轮廓线。

三台阶四步法施工工序（示意）见图 3.5—1。

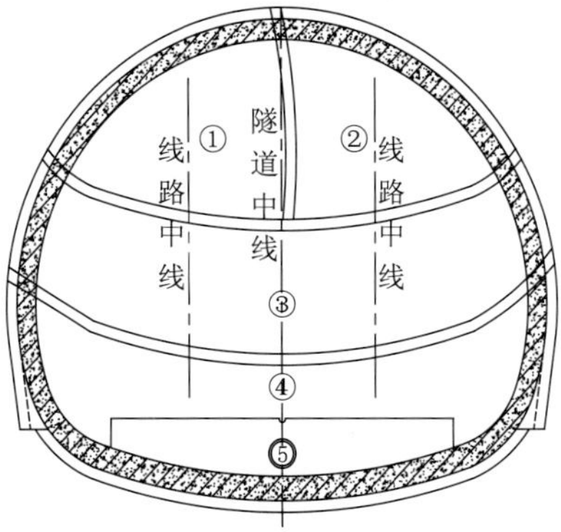

图 3.5—1 三台阶四步法施工工序示意图

2）施工方法

（1）左上导坑：利用上一循环架立的钢架施作隧道超前支护；弱爆破开挖①部；施作①部导坑周边的初期支护，即初喷 4 cm 厚混凝土，并设锁脚钢管；导坑底部及侧面铺设 I18 轻型工字钢，底部喷 20 cm 厚混凝土，施作①部临时仰拱，必要时封闭掌子面；钻设系统锚杆后复喷混凝土至设计厚度。

(2)右上导坑:在滞后于①部约 20 m 距离后,弱爆破开挖②部;导坑周边部分初喷 4 cm 厚混凝土,架立初期支护钢架,并设锁脚钢管;导坑底部铺设 I18 轻型工字钢,喷 20 cm 厚混凝土,施作②部临时仰拱,必要时封闭掌子面;钻设系统锚杆后复喷混凝土至设计厚度。

(3)中台阶:在滞后于②部一段距离后,弱爆破开挖③部;导坑周边部分初喷 4 cm 厚混凝土,架立初期支护钢架,并设锁脚钢管;导坑底部喷 8 cm 厚混凝土,施作③部临时仰拱;钻设系统锚杆后复喷混凝土至设计厚度。

(4)下台阶:在滞后于③部一段距离后,弱爆破开挖④部;初喷 4 cm厚混凝土,架立初期支护钢架,并设锁脚钢管;隧底周边部分喷混凝土至设计厚度。灌注⑤部仰拱及隧底填充(仰拱及隧底填充应分次施作)。

(5)根据监控量测结果分析,待初期支护收敛后,利用衬砌模板台车一次性浇筑④部衬砌(拱墙衬砌一次施作)。施工中注意以下方面:施工应坚持"弱爆破、短进尺、强支护、早封闭、勤量测"的原则;小炮开挖或人工开挖,严格控制装药量;工序变化处之钢架(或临时钢架)应设锁脚钢管,以确保钢架基础稳定;施工过程中每次拆除临时钢架的长度不能超过 10 m,以确保施工安全;仰拱应紧跟,仰拱距开挖面距离宜控制在 40 m 内;为确保仰拱与开挖面的距离不大于 40 m,左右导坑可同时开挖;开挖不得危及衬砌、初期支护和施工设备的安全。

以金温扩能改造工程盘龙寺隧道工程防水板铺设工艺为例,三级技术交底主要内容:

全面检查隧道中线、高程、断面净空尺寸,各项尺寸必须全部满足设计要求,其次按防水卷材铺设条件要求,对喷射混凝土基面进行处理;防水板铺设采用专用台车从拱部向两侧边墙悬挂的顺序进行,松紧应适度并留有余量。环向铺设时,下部防水板应压住上部防水板。防止过紧或过松,造成防水板受挤压破损或形成人为蓄水点。实铺长度与初期支护基面弧长的比值为 10∶8,确保混凝土浇筑后防水板表面与基面密贴。

将防水板固定到预定位置,然后用手动电热熔接器加热,使防水板焊接在固定缓冲层的专用热熔衬垫上,并与其黏结成一体。加固后的防水板用手上托或挤压,不会产生绷紧或破损现象。

施工中尽量减少防水板的搭接头,环向搭接时,下层防水板应压住上层防水板,两幅防水板的搭接宽度≥15 cm(见图 3.5—2),分段铺设的防水板的边缘部位应预留至少 60 cm的搭接余量,并对预留边缘部位进行有效的保护。防水板的接缝应与衬砌施工缝错开 1～2 m,防水板搭接见图 3.5—2。

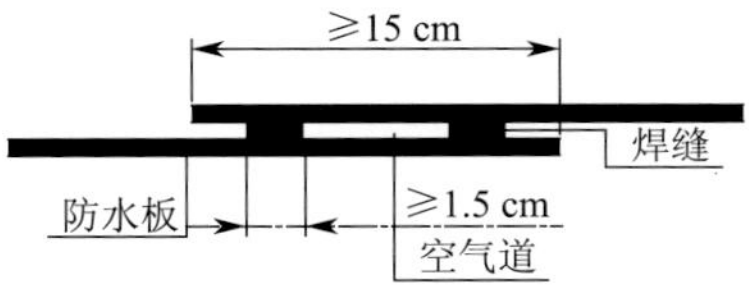

图 3.5—2 防水板搭接示意图

洞内焊接时,应先将两幅防水板铺挂定位,同时清除防水板表面的灰尘后,端头各预留 20 cm,由一人在焊机前方约 50 cm 处将两端防水板扶正,另一人手握焊机,将焊机保持在离基面 5～10 cm 的空中,以试调好的恒定速度向前行走,中途不停顿,整条焊缝的焊接一气呵成。单条焊缝的有效焊接宽度≥15 mm。焊接后两条缝间留一条空气道,用空气检测器检测焊接质量,压力0.25 MPa下保持 15 min,压力下降在10%以内,说明合格。开始焊接前,先用小块塑料片试焊,以掌握焊接温度和焊接速度。焊缝搭接处必须用刀刮成缓角后拼接,使其不出现错台。

铺设防水板的基面应坚实、平整、圆顺,无漏水现象;阴阳角处应做成圆弧形;铺设应与基层固定牢固,不得有绷紧和破损现象;焊缝无漏焊、假焊、焊焦、焊穿等现象;防水板的搭接宽度不应小于 15 cm,允许偏差为－10 mm。

盲管的铺设位置和范围应符合设计要求;盲管接头的连接,纵、环向盲管之间的连接,纵向盲管与排水沟的连接,应符合设计要求;衬砌背后设置的排水盲管应结合衬砌一次施工,施工中应防止混凝土或压浆浆液浸入盲管堵塞水路。盲管的综合排水效果应符合设计要求,环向盲管及引流盲管示意见图 3.5—3。

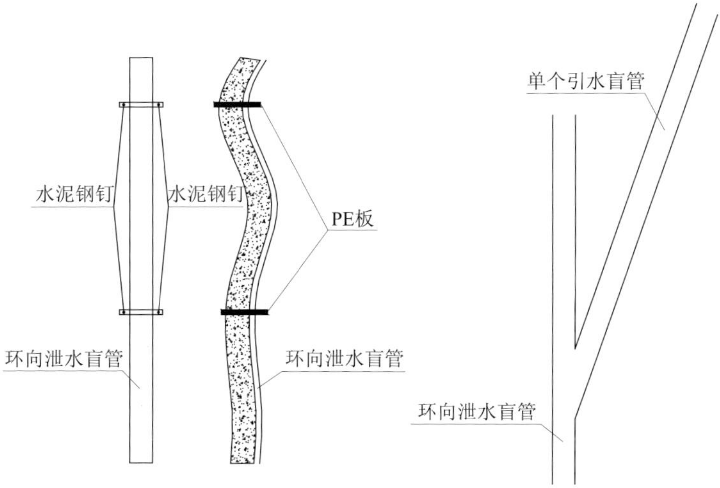

图 3.5—3　环向盲管及引流盲管安装示意图

以金温扩能改造工程盘龙寺隧道工程二次衬砌混凝土工艺为例，三级技术交底主要内容：

拱墙二次衬砌采用全断面整体钢模衬砌台车、混凝土搅拌运输车运输、泵送混凝土灌注，振捣器捣固，挡头模采用钢模或木模。混凝土浇筑要左右对称进行，防止钢模台车偏移；混凝土生产采用自动计量拌和站拌和，混凝土拌和站设置应满足施工要求。

混凝土浇筑自模板窗口灌入，应由下向上，对称分层，倾落自由高度不超过 2.0 m。在混凝土浇筑过程中，观察模板、支架、钢筋、预埋件和预留孔洞的情况，当发现有变形、移位时，应及时采取加固措施。施工中如发现泵送混凝土坍落度不足时，不得擅自加水，应当在技术人员的指导下用追加减水剂的方法解决。

混凝土浇筑应连续进行。当因故间歇时，其间歇时间应小于前层混凝土的初凝时间或能重塑的时间。当超过允许间歇时间时，按接缝处理，衬砌混凝土接缝处必须进行凿毛处理。纵、环向施工缝按照设计要求设置中埋式橡胶止水带。

混凝土浇筑分层厚度宜为振捣器作用部分长度的 1.25 倍，但最大摊铺厚度不宜大于 600 mm。在新浇筑完成的下层混凝土上再浇筑新混凝土时，应在下层混凝土初凝或能重塑前浇筑完成上层混凝土。浇筑混凝土时，应填写混凝土施工记录。

采用插入式振动棒捣固，应符合下列规定：

(1)每一振点的捣固延续时间宜为 20～30 s，以混凝土不再沉落、不出现气泡、表面呈现浮浆为度，防止过振、漏振。

(2)采用插入式振动器振捣混凝土时，振捣器的移动间距不大于振捣器作用半径的 1.5 倍，且插入下层混凝土内的深度宜为 50～100 mm，与侧模应保持 50～100 mm 的距离，并避免碰撞钢筋、模板、预埋件等。

(3)当振捣完毕后，应竖向缓慢拔出，不得在浇筑仓内平拖。泵送下料口应及时移动，不得用插入式振动棒平拖驱赶下料口处堆积的拌和物将其推向远处。

(4)对于有预留洞、预埋件和钢筋太密的部位，应预先制订技术措施，确保顺利布料和振捣密实。在浇筑混凝土时，应经常观察，当发现混凝土有不密实等现象，应立即采取措施予以纠正。

二次衬砌拆模时间应符合下列规定：

①在初期支护变形稳定后施工的，二次衬砌混凝土强度应达到 8.0 MPa以上。

②初期支护未稳定，二次衬砌提前施作时混凝土强度应达到设计强度的 100%以上。

③特殊情况下，应根据试验及监控量测结果确定拆模时间。

混凝土浇筑完毕后的 12 h 以内开始对混凝土进行养护，混凝土养护的最低期限应符规范要求，且养护不得中断。混凝土养护期间，混凝土内部温度与表面温度之差、表面温度与环境温度之差不宜大于 20 ℃，养护用水温度与混凝土表面温度之差不得大于 15 ℃，浇水次数应能保持混凝土处于湿润状态，当环境气温低于 5 ℃时不应浇水。

仰拱、二衬的“红线”必须符合《关于进一步明确软弱围岩及不良地质铁路隧道设计施工有关技术规定有关的通知》要求。仰拱：Ⅲ级围岩仰拱距离掌子面不大于 90 m，Ⅳ级围岩不大于 50 m，Ⅴ级围岩不大于

40 m。衬砌:Ⅱ级围岩衬砌距离掌子面不大于 200 m,Ⅲ级围岩不大于 120 m,Ⅳ级围岩不大于 90 m,Ⅴ级围岩不大于 70 m。

3 监理交底

监理单位总监理工程师应依据设计文件和设计技术交底纪要组织隧道、测量、试验、安全专业监理工程编制监理技术交底书。施工前,监理单位总监理工程师应组织参与工艺试验的监理人员集中学习监理技术交底书,对重要事项进行专题布置。监理单位应按"总监理工程师→监理工程师→监理员"两级交底程序向参与工艺试验的监理人员进行现场交底。交底后,监理单位应形成技术交底纪要,附必要的图表,参加技术交底人员签字确认,加盖监理单位公章后生效;监理技术交底记录表可参附表。

监理交底主要内容包括:施工方案、施工工艺、质量标准、作业标准、机械设备组合、材料及工装设备、监理工作范围及重点、监理工作流程、监理工作控制要点、目标、监控手段、检测方法、安全措施及施工注意事项等。

以金温扩能改造工程盘龙寺隧道工程开挖支护、防水板铺设、二衬施工工艺试验为例,监理交底主要内容如下:

1)施工准备:人员配置、机械设备选型、材料质量控制等。

2)监理工作流程。

3)监控重点:原材料检测,开挖支护、防排水、二衬质量检测,检测频次,检测方式,养生方式。

4)监控手段:采取巡视、旁站、抽检的三种方式进行控制,三种不同方式的重点内容。

5)检测数量和方法:根据《高速铁路隧道工程施工质量验收标准》规定进行检验。

4 试验过程

铁路隧道工艺试验应严格按照“施工准备→超前地质预报→开挖支护→监控量测→防水板铺设→二次衬砌混凝土施工→养生”流程施工，施工工艺流程见图4—1。

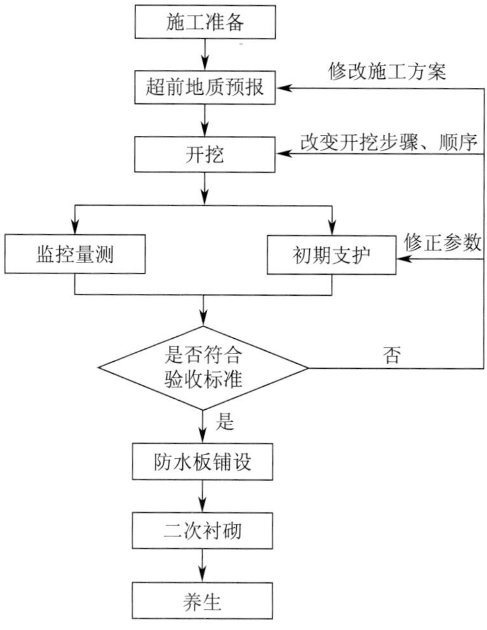

图4—1 隧道施工工艺流程图

4.1 施工准备

施工前，制作试验段简介、作业标准、工艺流程、操作程序、现场人员设置等相关标识标牌，并将标识标牌设置在现场不影响施工的醒目位置。

施工所需各类材料准备完毕，钢筋、型钢、混凝土原材料、锚杆、外加剂等检测合格。

按照开挖工法要求所需的支护台架到位。

施工前,应按照“防、排、截、堵相结合,因地制宜,综合治理”的原则,根据施工需要和当地环保要求做好施工期间的防排水,尽量做到永临结合,并按照弃渣场规划,防护基本到位。

以金温扩能改造工程盘龙寺隧道为例,DK73+596～DK73+620设计采用三台阶四步法施工,施工前准备 ϕ89 钢管和 ϕ20 螺纹钢筋制作的 4 m×2 m×2 m 简易开挖支护台架 2 个,便于开挖支护施工。

4.2 超前地质预报

超前地质预报是工程施工的一部分,通过准确的预报可以有效地减小不良地质体对施工安全、进度的影响,指导工程施工顺利进行,充分发挥信息化施工的特点,并且为选用较好的施工、安全方案提供地质依据。施工期间应加强施工地质工作,并实施全隧超前地质预测预报,将其纳入正常施工工序进行管理,通过超前地质预测预报工作,核实和预测掌子面前方的地质条件,以便及时调整工程措施,确保施工及结构安全。

根据设计图纸及超前地质预报技术指南要求,采用长距离预报为主,短距离预报为辅,长短互补的预报原则。长距离预报采用地质调查法;中短期预报采用地质素描法、超前地质钻探法、加深炮眼探测法等方法,进行综合预报,以便相互补充,验证,提高准确率。隧道常用 4 种超前地质预报方式:地质调查法,物探法,超前钻探法,加深炮孔法。其中物探法一般采用 TSP 探测法。各探测法特点见表 4.2—1。

表 4.2—1　超前地质方法优缺点对比

名称	使用机具	优点	缺点	预报范围
地质调查（地质素描法）	地质罗盘,数码相机	1. 直观,明了的反应掌子面围岩情况 2. 用时短,不影响其他工序施工。 3. 可以对其他超前预报的成果进行核查,确认	1. 对于前方围岩只能推测,与实际有偏差。 2. 推测距离往往较短,用于指导前方施工准备作用有限	适用于全隧道的每次开挖,形成资料累积

续上表

名称	使用机具	优点	缺点	预报范围
物探法(TSP—203)	TSP—203接受器，少量雷管及炸药	1. 适用范围广，适用于极软岩及极硬岩的任何地质情况。 2. 预报范围长，每次预报距离一般为100～150 m	1. 预报前准备时间较长。 2. 反射波往往易受干扰，使预报结果产生偏差。 3. 检测结果等待时间较长	100～150 m
超前水平钻	超前水平钻机	1. 适用范围广，可用于各级围岩。 2. 结果直观即时，当时即可知道前方围岩情况	1. 预报长度一般，为30 m左右。 2. 受孔径，孔数限制，对于掌子面前方围岩不能完整预报	掌子面前方30 m围岩
加深炮孔	气腿式凿岩机	1. 无需专门的施作时间。 2. 可使钻眼工人即时知道前方围岩情况	1. 预报范围短，3～5 m。 2. 受孔径，孔数限制，无法对围岩完整预报	≤5 m

超前地质预报的主要内容：地层岩性预测预报，特别是对软弱夹层、破碎地层及特殊岩土的预测预报；地质构造预测预报，特别是对断层、节理密集带、褶皱轴等影响岩体完整性的构造发育情况的预测预报；不良地质预测预报，特别是对人为坑洞情况的预测，预报；地下水预测预报，特别是对富水断层、破碎带、富水褶皱轴、富水地层中的裂隙水等发育情况的预测预报。

以金温扩能改造工程盘龙寺隧道为例，采用以地质调查法为基础，综合物探及钻孔为主进行综合超前地质预报。施工中将地质素描、物探法、超前水平钻、加深炮孔、TSP—203预报手段综合运用，取长补短，相互补充和印证。综合监测结果，及时提出对不良地质的处理措施，以降低施工风险，确保工程质量和运营安全。超前地质预报采用地质素描、TSP、地质雷达和超前钻探四种方法进行相互验证。施工单位引进了TSP—203地质超前预报仪，聘请有专业资质的单位进行现场操作。

通过对围岩的观察、分析、探测来判断围岩的特性，从而调整开挖和支护方法。经过观察分析，Ⅱ、Ⅲ级围岩地段与设计相比，总体情况较为符合，整个隧道围岩变化很小，都处于稳定状态，现场突变次数很少，特别是超前地质钻孔，准确率较高，在钻进过程中对围岩情况及时进行分析，若钻进时间短、钻进速度快、钻孔冲洗液较混浊，表明前方有断层且围岩较软或风化较重；若钻机卡钻，则说明岩体较破碎。地质素描是根据已开挖段的地层走向、渗水量、岩层的完整程度等信息来预报前方的地质情况，也是比较可靠的。通过 TSP 预报的地质情况和实际开挖后围岩情况进行对比，TSP 预报的地质情况和实际开挖后围岩情况基本一致。

根据预报得出结论：本段上台阶主要为潮湿的强风化流纹质晶屑玻屑熔结凝灰岩；中、下台阶围岩弱风化，节理裂隙发育，岩体破碎呈散块状结构，围岩自稳能力差、成洞性差，易掉块坍塌，为Ⅴ级围岩，应按设计要求采用三台阶四步法进行施工。

4.3 开挖支护

隧道开挖应根据围岩级别选择不同的开挖方法，常用开挖方法有以下几种：Ⅱ级围岩采用全断面法；Ⅲ级围岩采用台阶法；Ⅳ级围岩采用三台阶开挖法；Ⅴ级围岩采用三台阶四步开挖法、三台阶临时仰拱法或双侧壁导坑法等。在围岩交替频繁地段进行开挖，因隧道开挖断面较大，所穿围岩级别交替频繁，隧道开挖工序相应频繁转换，不宜采用大型配套凿岩机械设备，可采用钻爆法开挖，开挖时，应在超前地质预报的基础上，逐段核实围岩类别，若与设计不符，及时变更开挖支护方法。

为减少对围岩的扰动，增强围岩的自承能力，减少危石和支护的工程量，保证施工安全，减少超欠挖工作量，一般采取光面爆破。光面爆破按照爆破设计→测量放线→钻孔→装药与堵塞炮孔→连接起爆网络→起爆→通风→爆破质量检查的顺序施工，光面爆破效果的好坏，除受周边眼间距的周边装药结构参数的影响外，更主要受到最小抵抗线的影响，光面层厚度不仅影响周边眼裂纹的形成，而且还影响着光面层的破碎和开挖后隧道围岩的稳定，因此确定合理的光面层厚度对提高光面爆破效果有积极的作用。

隧道爆破、开挖，对于不同的围岩地段，在开始施工前，都要根据初拟的钻爆设计进行钻爆试验，通过试验，一方面检验爆破设计是否合理，检验爆破振动对已支护段是否危害，二是对爆破效果进行检验，对达不到爆破效果的，对爆破参数进行优化，并将试验形成报告，送监理工程师核批，作为正式进行钻爆的开挖依据，同时检验机械配备、劳力、组织循环作业安排是否合理，对施组进行优化，以取得最优的施工进度。

光爆层厚度 W 可用以下公式来确定：

$$W=Q/(C_q \cdot a \cdot L)$$

式中 Q——光面炮眼的装药量；

a——炮眼间距；

L——炮眼深度；

C_q——爆破系数，相当于单位耗药量，C_q 取值在 0.2～0.5 kg/m^3。

因此要通过隧道开挖工艺试验，确定炮眼（掏槽眼、辅助眼、周边眼、底板眼）的布置、深度、斜率和数量，爆破器材选用、装药量和装药结构、起爆方法和起爆顺序，钻眼机具和钻眼要求等参数。并根据每次爆破后检查情况，分析原因及时修正爆破参数，提高爆破效果，改善技术经济指标。

以金温扩能改造工程盘龙寺隧道施工为例，针对Ⅴ级围岩一般地段工程特点，坚持“先预报，管超前，严注浆，短进尺，弱爆破，强支护，早封闭，勤量测，快反馈，控沉陷”的施工原则，保证施工安全；按照“探明地质、超前加固围岩、少扰动、强支护、快成环、勤量测、早衬砌、步步为营，稳步前进”的原则，人工配合机械或弱爆破进行开挖。设计采用三台阶四步法开挖，开挖示意见图 4.3—1。

开挖支护按照①部开挖→①部支护→②部开挖→②部支护→③部开挖→③部支护→④部开挖→④部支护顺序进行，其施工工艺流程见图 4.3—2 。

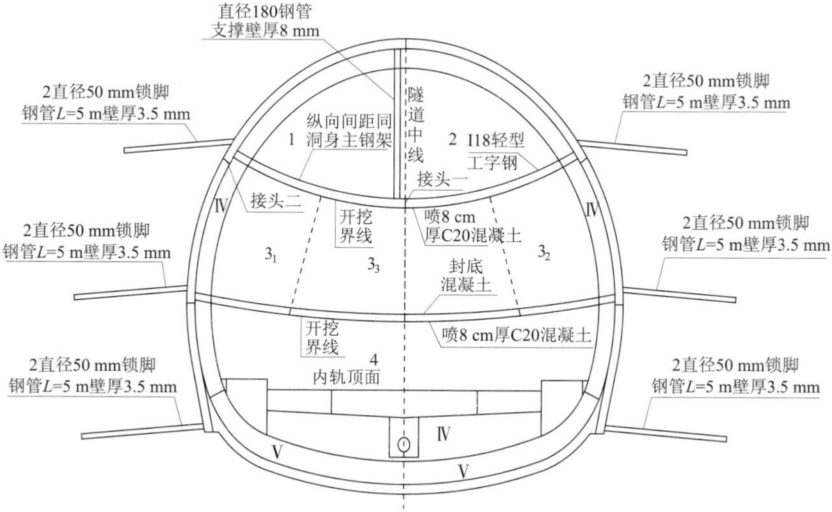

图 4.3—1　三台阶四步法开挖示意图

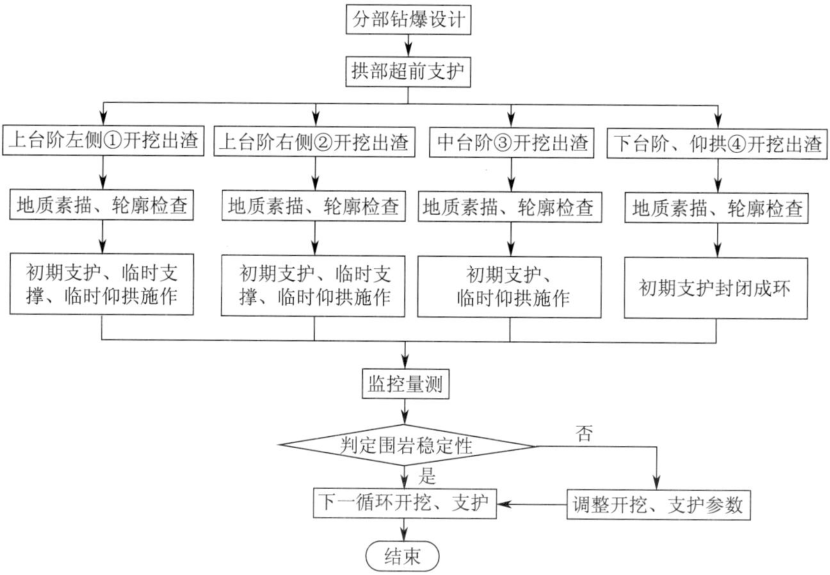

图 4.3—2　三台阶四步法开挖工艺流程图

施工单位在①部开挖时，采用简易开挖台架，测量工程师采用全站仪测设开挖轮廓及炮眼位置，用红油漆标示在掌子面，开挖轮廓按设计尺寸加大 10 cm 预留变形量放样，炮眼位置按爆破设计图放样；开挖时每两人负责操作一台风动凿岩机，台架顶一台、下部两台；按照测量放样的炮眼位置，设计深度及角度钻眼，开挖进尺 0.6 m 左右，钻眼结束后采用高压风将炮眼内的石屑清理干净；先根据爆破设计清点炮眼个数，然后采用钢卷尺测量炮眼位置、深度及斜率，要求掏槽眼眼口间距和眼底间距误差在±5 cm 以内，辅助眼眼口间距误差在±10 cm 以内，周边眼眼口位置误差在±5cm 以内，眼底不得超出开挖断面轮廓线10 cm。最后用 ϕ20 的 PVC 管探测炮眼有无掉渣、塌孔现象，做好炮眼检查记录，由爆破工按照爆破设计安装炸药、雷管，连接起爆网络，检查起爆网络连接准确无误。防护人员做好警戒，所有人员、机械撤至安全地点，爆破工起爆，采用自然通风，通风过后，人工清理拱部浮石、危石，清理完成后采用挖掘机装碴、自卸汽车运输至弃渣场地。

在钻爆施工时，初步确定的光爆参数如下：

孔深：Ⅴ级、Ⅳ级、Ⅲ级围岩分别取 0.75 m、1 m、1.5 m，Ⅲ级围岩完整性好地段取 2 m。

周边光爆孔孔网：Ⅴ级围岩周边光爆孔间距取 40 cm，Ⅳ级围岩周边光爆孔间距取 50 cm，Ⅲ级围岩周边光爆孔间距取 60 cm。

周边内圈孔孔网：Ⅲ级围岩内圈孔间距 60 cm，Ⅳ级围岩内圈孔间距 70 cm，Ⅴ级围岩内圈孔间距 80 cm。

掘进孔孔网：Ⅲ级围岩掘进孔间距 80 cm，Ⅳ、Ⅴ级围岩掘进孔间距 90 cm。

底板孔孔网：均按 80 cm 孔距布置。

周边眼线装药密度：q 在硬岩段一般取 250～350 g/m，在中硬岩段一般取 100～150 g/m，在软岩段一般取 70～120 g/m。本隧道岩石属Ⅴ级，取值为Ⅴ级围岩 q=80 g/m，Ⅳ级围岩 q=110 g/m，Ⅲ级围岩 q=200 g/m。

单耗量：单耗根据类似经验确定，断面开挖取 0.5～0.8 kg/m^3。

掏槽孔:直眼掏槽采用九孔掏槽,其中四孔为空孔,一般不装药,为确保掏槽抛渣,可在底部少量装药,最后起爆抛槽渣。

经过 3 次比较试验,最终取得Ⅴ级围岩三台阶四步法的最佳爆破参数、最佳开挖循环进尺如下:周边眼间距 40 cm,周边眼外斜率 3%,周边眼抵抗线 50 cm,辅助眼间距 80 cm,底板眼间距 60 cm,周边眼装药集中度 0.05 kg/m,辅助眼装药集中度 0.1 kg/m,底板眼装药集中度 0.15 kg/m,掏槽眼装药集中度 0.2 kg/m。上台阶左侧、右侧 0.8 m,中台阶 1.2 m,下台阶 1.2 m。

施工单位应采用全站仪检查开挖质量,Ⅴ级围岩拱部平均线性超挖允许值为 10 cm,最大超挖允许值为 15 cm,严禁欠挖,岩石个别突出部分(每 1 m^2 不大于 0.1 m^2)欠挖不应大于 5 cm。监理单位按照验标要求做好检验频次和旁站工作,不符合要求的部位需进行处理,检查合格后方可进入下道工序。

开挖验收合格后,及时进行①部支护,支护工艺流程见图 4.3—3。

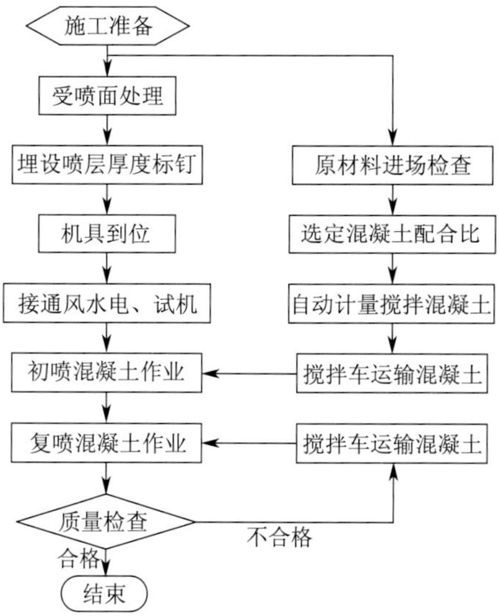

图 4.3—3　喷射混凝土工艺流程图

按照设计要求对①部开挖后的围岩进行初喷,初喷采用湿喷工艺。初喷 4 cm 厚 C30 纤维混凝土,喷射前,先填平岩面较大凹洼处,再喷射较平整处,保证初喷混凝土面大致圆顺;按纵向 3～4 m 为一段,先墙后拱再分片,每片宽约 2 m,每片均自下部起水平方向旋转移动往返一次喷射,然后向上移行。喷射时(喷嘴朝下)先送风再上料,根据受喷面和喷出的混凝土情况,调整喷浆料配合比,以喷后易粘着、回弹小和表面呈湿润光泽为度。

喷射时应注意喷嘴口至受喷面的距离以 0.6～1.0 m 为宜,喷射料以垂直受喷面为最佳，一次喷厚以坠落时的临界状态或按所需厚度，一般不小于 5 cm；超挖部分，应先素喷一遍岩面进行封闭，然后在拱架背后进行喷射密实，拱架底脚超挖部分（拱脚以上 1.0 m 范围内）采用同级混凝土回填，严禁回填片石；喷射混凝土终凝 2 h 后要喷水养护并经常保持潮湿状态，养生时间不少于 14 d。

初喷后，采用钢架进行支护，施工单位采用全站仪测定钢架位置，用红油漆在初喷面上标出控制点，采用人工方式清除拱架虚渣，钢拱架按照测定位置进行拼装架立钢拱架，在钢拱架背后按设计要求安装钢筋网和纵向连接钢筋，安装 4 根 ϕ50 壁厚 3.5 mm，长 4.5 m 锁脚锚管，采用注浆机给锁脚锚管注浆。在底部安装临时支撑，喷射 20cm 厚 C25 混凝土作为临时仰拱，复喷 C30 纤维混凝土至设计厚度 28 cm，复喷混凝土表面应密实、平整，无裂缝、脱落、漏喷、漏筋、空鼓。终凝 2 h 后进行洒水养护。

施工单位检查钢架安装间距、高程、垂直度是否符合要求，连接板处螺栓连接是否牢固密贴，纵向连接筋与钢架焊接是否牢固，钢筋网搭接长度是否符合要求，锁脚锚管与钢架焊接是否牢固，临时支撑焊接是否牢固。监理单位对钢架安装间距、高程、垂直度按验标要求进行全部检查，对喷射混凝土、超欠挖回填进行全过程旁站。

在①部开挖支护完成 20 m 以后，进行②部开挖，开挖方法同①部。②部支护中，将拱部 HW175 钢架与①部连接，底部 I 18 轻型工字钢钢架与①部连接，其余施工方法同①部。支护完成后及时进行监控量测，②部开挖支护工程中，①部继续开挖支护。

在②部开挖支护完成 5 m 以后，进行③部开挖。③部开挖以前拆除①部、②部两榀临时支撑，③部开挖进尺为每循环 1.2 m，开挖方法同①部。两侧边墙初喷后设置系统锚杆，然后将③部两侧 HW175 钢架与①部、②部相接，底板喷射 8 cm 厚 C25 混凝土作为临时仰拱，其余施工方法同①部。支护完成后及时进行监控量测。

在③部开挖支护完成 5 m 以后，进行④部开挖。④部开挖进尺为每循环 1.2 m，开挖方法同①部。两侧边墙初喷后设置系统锚杆，然后将④部两侧边墙 HW175 钢架与③部相接，仰拱钢架与边墙相接，并喷射混凝土,使初期支护封闭成环,形成良好受力结构。支护完成后及时进行监控量测。待锚杆注浆体强度达到 10 MPa 以后,安装锚杆垫板及螺栓。开挖支护完成后,应尽快进行仰拱混凝土浇筑及仰拱填充,仰拱混凝土与填充应分两次施作。

在隧道开挖施工过程中,现场掌子面岩性基本与设计的围岩级别相吻合,也与超前地质预报资料的结果相一致。Ⅴ级围岩三台阶四步法开挖由于作业空间小,不利于机械化施工,可适当调整上台净空以方便机械作业。在开挖②部之前,须拆除相对应的临时仰拱与初期支护钢架连接螺栓,否则上台阶钢架遭冲击松动易形成托空。

因隧道施工方法随洞身地质变化转换频繁,须加强施工管理,采取切实可行的措施,随围岩等级动态调整施工方法。施工中注意以下几个方面:采取信息化施工,加强超前地质预报工作,建立地质信息系统,通过各种方法收集地质信息,输入信息处理系统,进行综合分析、判断,并将处理结果反馈至施工现场,及时调整施工方法和参数;加强监控量测,加快信息反馈速度,并向监理、设计单位及时提交监测日报,以便及时作出决策和调整施工方法和支护参数;监控量测小组及时向施工负责人汇报洞内围岩稳定状态,并定期提出围岩稳定性和支护可靠性的书面报告。

在爆破开挖过程中,围岩较破碎,造成拱顶超挖严重后,采用周边眼跳孔装药并减少装药量,超挖现象有所改善;上台中心渣块过大不方便装运,在楔形掏槽眼两边 1 m 处各增加 1 个辅助眼,渣块体积更方便装运,因此根据围岩的变化和爆破效果而相应地调整爆破参数,才能达到更好的效果。

4.4 监控量测

施工单位在隧道正洞洞身初期支护完成后,尤其是仰拱施工完毕后,及时进行全断面监控量测,随时掌握初期支护的工作状态,指导和确定二次衬砌施作时间。并根据隧道的地形地质条件、支护类型和施工方法等特点,确定隧道监控量测必测项目,见表 4.4—1。

表 4.4—1 监控量测必测项目

序号	监测项目	测试方法和仪表	测试精度	备 注
1	洞内、外观察	现场观察、地质罗盘		
2	衬砌前净空变化	隧道净空变化测定仪(收敛计、全站仪)	0.1 mm	全站仪采用非接触观测法
3	拱顶下沉	水准测量的方法,水准仪、钢尺	1 mm	一般进行水平收敛量测
4	地表下沉	水准测量的方法,水准仪、塔尺	1 mm	浅埋隧道必测($H_0 \leqslant 2b$)
5	二次衬砌后净空变化	隧道净空变化测定仪(收敛计)	0.01 mm	
6	沉降缝两侧底板不均匀沉降	三等水准测量	1 mm	沉降缝两侧底板沉降
7	洞口段与路基过渡段不均匀沉降观测	三等水准测量	1 mm	洞口底板(或仰拱填充层面)与洞口过渡段的沉降

注:H_0—隧道埋深;b—隧道最大开挖宽度。

施工单位在监控量测过程中,应根据现场量测数据绘制位移一时间曲线图,并在位移一时间曲线趋于平缓时及时进行回归分析,以推算最终位移和掌握位移变化规律。当位移一时间曲线出现反弯点,即位移出现反常急剧增加现象时,表明围岩和支护已呈不稳定状态,应及时加强支护,必要时停止掘进,采取安全措施;施工单位应根据位移变化速率判断围岩稳定状况,当隧道拱顶下沉、水平收敛速率达到 5 mm/d 或位移累计达到 100 mm 时,应暂停掘进,并及时分析原因,采取处理措施。(变形基本稳定应符合下列条件:隧道周边变形速率有明显减缓趋势;拱脚水平相对净空变化速度小于 0.2 mm/d,拱顶相对下沉速度小于 0.15 mm/d。)

施工单位根据监控量测数据分析结果,对工程进行安全性评价,提出相应工程对策建议,作为设计施工变更的重要依据;监理单位对预报实施全过程进行监理，核查施工单位现场人员、设备、数据采集、工作量等，并对量测数据进行审核、确认。

为确保量测精度和加快量测速度，一般在隧道拱顶下沉和水平收敛量测中采用无接触围岩量测技术。量测方法为：测量人员按量测频率要求对隧道断面上布设的观测点进行全自动多测回全圆观测。监测方法与要求见表 4.4—2。

表 4.4—2 监控量测方法及要求表

序号	监测项目	测点布置	监测方法及要求	仪器
1	洞内外观察	开挖及支护后进行	目测：地质观察在爆破后初喷前进行，绘制地质素描图，填写开挖工作面地质调查记录表；检查喷射混凝土有无开裂及发展，锚杆有无松动，钢架支护状态等，并做好相应记录；查看边仰坡有无开裂、起壳，地表有无裂纹；地表水位有无异常变化	地质罗盘
2	地表沉降监测	隧道洞口进行地表沉降量测，横断面方向沿隧道中心及两侧间距 2～5m 处设地表下沉测点，监测范围在隧道开挖影响范围以外	地表下沉量测在开挖工作面前方，隧道埋深与隧道开挖高度之和处开始，直到衬砌结构封闭、下沉基本停止时为止	精密水准仪
3	水平收敛量测	内轨顶面以上2.5 m，左右两侧对称布置量测点，量测断面间距根据围岩级别确定	采用收敛计进行量测，开挖后按要求迅速安装测点并编号，初读数应在开挖后 12 h 内读取，测点应牢固可靠，易于识别并妥为保护	收敛计
4	拱顶下沉量测	与水平收敛断面对应拱顶设量测点	喷射混凝土后迅速在拱顶设点，采用精密水准仪和收敛计进行量测	精密水准仪和收敛计

施工单位每次开挖施工之后,对洞内掌子面进行观察,察看围岩节理裂隙发育情况、工作面稳定状态、围岩变形状况等。观察后绘制开挖工作面略图并做好地质素描,数码成像,填写工作面状态记录及围岩级别判定卡;对已施工区段,每天至少观察一次,观察内容包括:喷射混凝土、锚杆、钢架、二次衬砌的状况,以及施工质量是否符合规定的要求,做好观察记录;对洞外观察主要是对洞口地表情况、地表沉陷、边仰坡稳定、地表水渗透情况进行观察,做好观察记录;在观察过程中如发现地质条件恶化、初期支护发生异常现象,应立即通知施工负责人采取应急措施,并派专人进行不间断观察。

以金温扩能改造工程盘龙寺隧道施工为例,在隧道拱顶下沉及水平相对净空变化测点处采用预埋钢筋外贴反光贴片形式,本试验段为Ⅴ级围岩,测点布置断面间距 5 m,测点埋设位置见图 4.4—1,量测反光贴片见图 4.4—2。

施工单位应在每次开挖后尽早进行隧道净空变化量测,并在 12 h 内读取初读数,最迟不得大于 24 h,量测频率根据设计要求选取,量测频率见表 4.4—3。

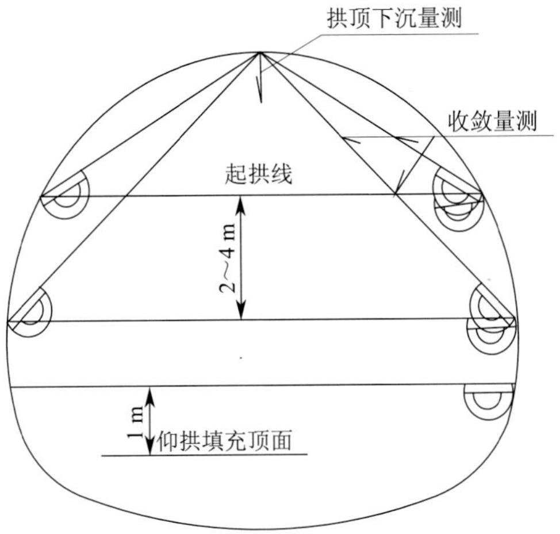

图 4.4—1　监控量测点的布设图

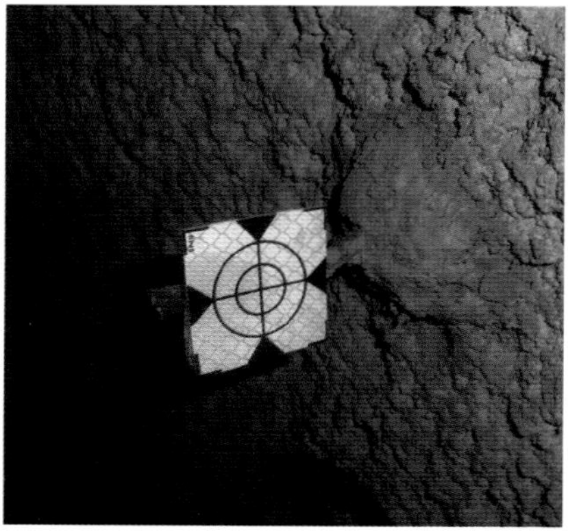

图 4.4—2 监控量测反光贴片

表 4.4—3 量测频率表

变形速度(mm/d)	量测断面距开挖工作面的距离	量测频率	
≥5	(0～1)B	2 次/d	B 为隧道宽度
1～5	(1～2)B	1 次/d	
0.5～1	(2～5)B	1 次/2d	
0.2～0.5	>5B	1 次/3d	
<0.2	>5B	1 次/周	

隧道地表沉降测点与水平净空相对变化和拱顶下沉量测的测点布置在同一横断面内，沿隧道中线布设，断面间距可按表 4.4—4 选取，横断面方向地表下沉量测的测点间隔应取 2～5 m，在一个量测断面内设 7～11 个测点；地表下沉量测在开挖工作面前方 $H+h$(隧道埋置深度＋隧道高度)处开始，直至衬砌结构封闭，下沉基本停止为止；地表下沉的量测频率和拱顶下沉及水平收敛的量测频率相同，将现场采集的数据记录在相应表格内。

表 4.4—4 地表下沉量测断面间距表

隧道埋深与开挖宽度	纵向测点间距(m)
$2B<H_0<2.5B$	20～50
$B<H_0\leqslant 2B$	10～20
$H_0\leqslant B$	5～10

监控量测主要分为洞外监控量测和洞内监控量测。洞外监测主要是对洞口的地表情况、地表沉陷、边仰坡的稳定性进行监测；洞内监测主要是通过对围岩稳定程度和支护受力的观察及动态测量，检验设计是否正确合理，及时调整和修正支护参数，不断提高设计质量和施工技术水平及正确指导施工，以便采取相应措施，确保隧道施工安全。

以金温扩能改造工程盘龙寺隧道围岩监控量测数据分析为例，每个围岩断面设置 5 个观测点，分别位于拱顶 120°拱脚及边墙 180°。Ⅴ级围岩地段每 10 m 设置一个监测断面，一般观测平均周期约 45 d，其中最大净空收敛量 54.77 mm，最大沉降量 65 mm，满足设计要求；Ⅳ级围岩地段每 20 m 设置一个监测断面，一般观测平均周期约 42 d，其中最大净空收敛量 30.86 mm，最大沉降量 24 mm，满足设计要求；Ⅲ级围岩地段每 30 m 设置一个监测断面，一般观测平均周期约 37 d，其中最大净空收敛量 9.97 mm，最大沉降量 13 mm，满足设计要求；Ⅱ级围岩地段每 50 m 设置一个监测断面，一般观测平均周期约 34.5 d，其中最大净空收敛量 9.24 mm，最大沉降量 11 mm，满足设计要求；以上实测数据比设计要求的预留变形量（Ⅱ级围岩 3 cm、Ⅲ级围岩 5 cm、Ⅳ级围岩 8 cm、Ⅴ级围岩 12 cm），特别Ⅳ、Ⅴ级围岩要小得多，因此在施工中可适当调整预留变形量减小超挖量，降低成本。

在洞内实施监控量测过程中，应注意监测点的布置角度，在使用无尺量测的过程中，由于存在测点距离测站不应大于 50m 和隧道分台阶开挖的限制，测点反射片的安置角度不好控制，往往适应上台阶监测，而给下台阶观测带来角度不好的困扰；施工单位要严把监测点的材料进场关，因目前市场上供应的反射片材质都不具有自洁功能，施工中水蒸气和灰尘得同时存在，使反射片的表面常累积灰尘，人为清洁费时费力并降低测量精度。

4.5 防水板铺设

在初支完成，基面处理验收合格后，施工单位及时铺设防水板。防水板铺设施工工艺流程见图 4.5—1。

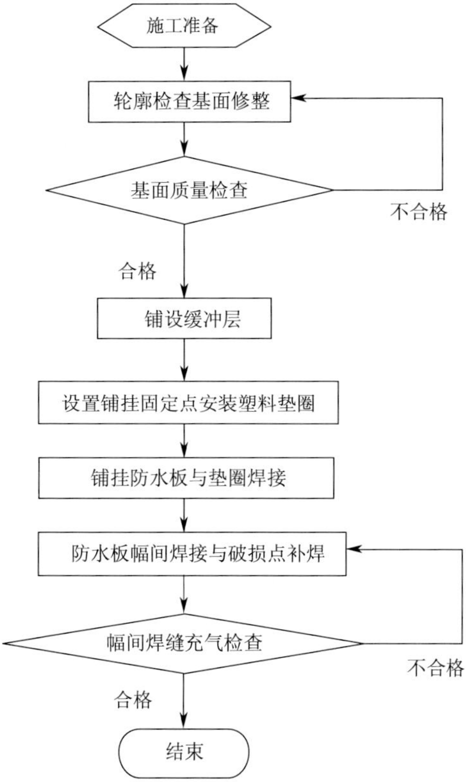

图 4.5—1 防水板铺设工艺流

1 施工准备

施工单位在防水板铺设以前，准备铺设台架，采用装载机将台架推至施工地段，台架放置位置要与隧道两侧位置一致，居中放正，不可歪斜。作业台架见图 4.5—2。

以金温扩能改造工程盘龙寺隧道防水板铺设为例，根据防水板铺设施工需要，制作防水板铺设作业台架一个，采用 I20 工字钢作为主梁，ϕ22 和 ϕ10 钢筋加工成钢筋网片作为作业平台，ϕ42 钢管作为临边防护，爬梯采用 ϕ42 钢管和 ϕ22 钢筋焊接而成，纵向长度为 6 m。作业台架制作要求结构牢固、尺寸合理、临边防护完善、便于防水板铺设施工，台架照明采用36V安全电压，台架下方留出车辆、机械通行空间。

隧道防排水采用“防、截、排、堵相结合，因地制宜，综合治理”的原则，达到防水可靠，经济合理，不留后患的目的。

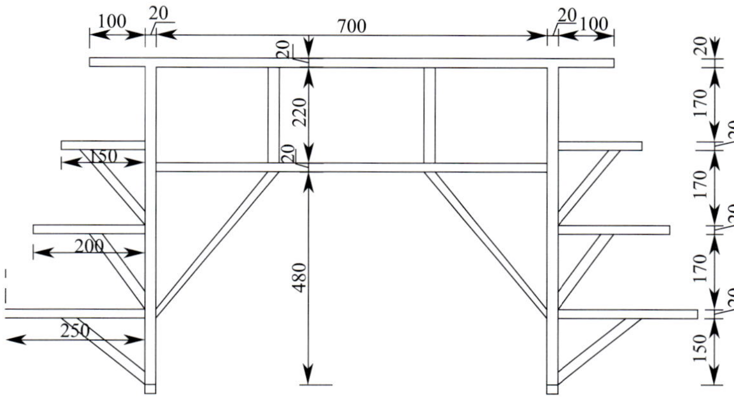

图4.5—2 防水板铺设作业台架示意图(cm)

2 基面处理

在防水板铺设以前，施工单位采用隧道断面仪对初期支护进行净空检查，每3 m检查一个断面，以确保二次衬砌厚度。对于侵入二次衬砌的初期支护应当凿除，并用砂浆抹平；对开挖基面进行全面检查，对于基面外露的锚杆头、钢管头、钢筋头和螺杆钉头等突出物应予切除后妥善处理：钢筋网等凸出部分，先切断后用锤铆平，抹砂浆素灰。钢筋头处理见图4.5—3。

有凸出的管道头时，先切断，并用砂浆填实封平。管头处理见图4.5—4。

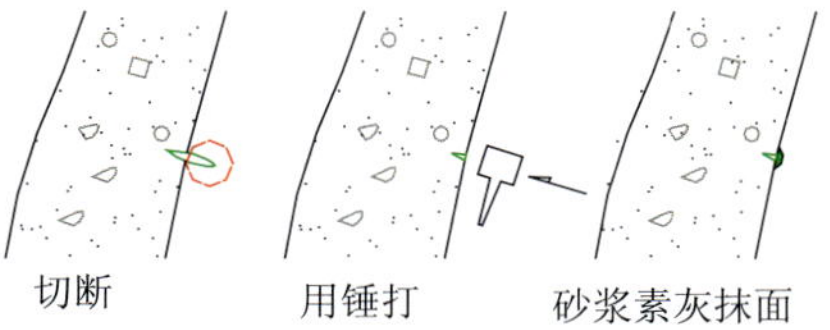

图4.5—3 钢筋头处理示意图

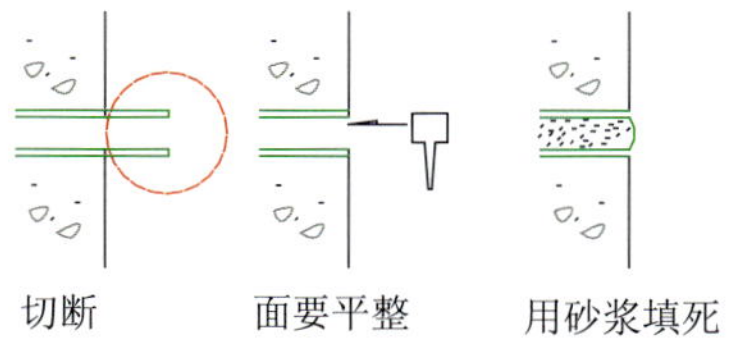

图4.5—4 管头处理示意图

锚杆有凸出部位时，螺头顶预留 5 mm 切断后，用塑料帽处理。锚杆头处理见图 4.5—5。

通过补喷或凿除，使初期支护表面平整圆顺。

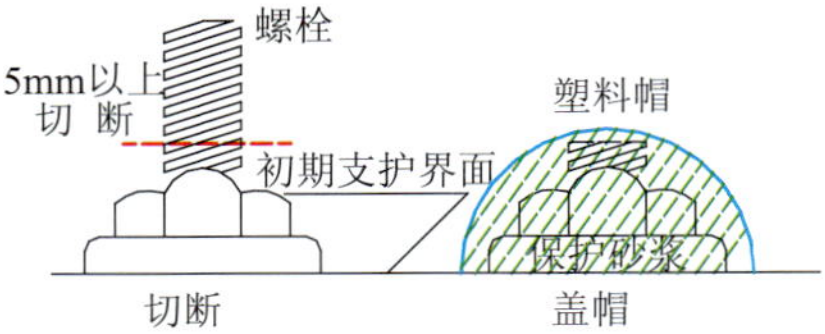

图 4.5—5 锚杆头处理示意图

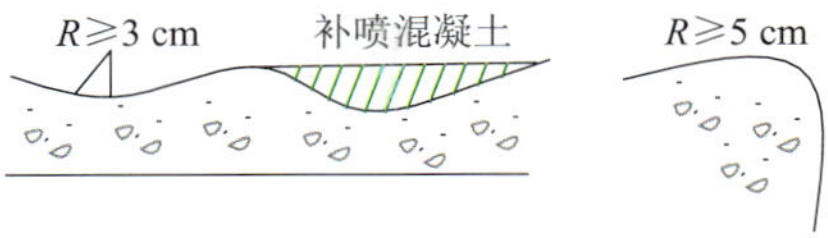

图 4.5—6 初期支护面处理

初期支护应无空鼓、裂缝、松酥，表面应平顺。经验表明，喷射混凝土的平整度只要达到要求，铺设的防水板与混凝土喷层间的狭小缝隙，在浇灌二衬时混凝土能够将其挤压密贴，不会留下地下水的通道。表面平整度应符合下式要求。

$$D/L \leqslant 1/10$$

式中 L——基面相邻两凸面间的距离($L \leqslant 1$ m)；

D——基面相邻两凸面间凹进去的深度。

3 缓冲层铺设

基面处理验收合格后，施工单位按 5～10 m 的纵向间距结合施工缝布置，环向安设 30 cm 宽排水板。并根据地下水发育情况调整加密。同时在隧道左、右两侧的防水板下端墙脚处敷设纵向排水盲沟，采用外包土工布的 ϕ110 打孔波纹管，每 8 m 一段，按设计规定划线，坡度与线路坡度一致，回填 C15 无砂混凝土作为排水体，再行用土工布和防水板将其包裹；纵向盲沟中间设 ϕ50PVC 管泄水孔一处，接头处均通过三通或弯头连接；纵向盲沟两端均直接与隧道两侧沟连通，便于排水管路的维护。

土工布铺设前，施工单位进行精确放样，弹出标准线进行铺设。根据基面凹凸情况留足富余量，由拱部向两侧边墙铺设，用射钉将专用热熔衬垫和缓冲层（土工布）平顺地固定在基面上，专用热熔衬垫和射钉按梅花形布置，拱部间距 0.5～0.8 m，边墙间距 0.8～1.0 m，底部

1.0～1.5 m。基面凹凸较大处增加固定点，使缓冲层（土工布）与基面密贴。土工布铺设见图 4.5—7。

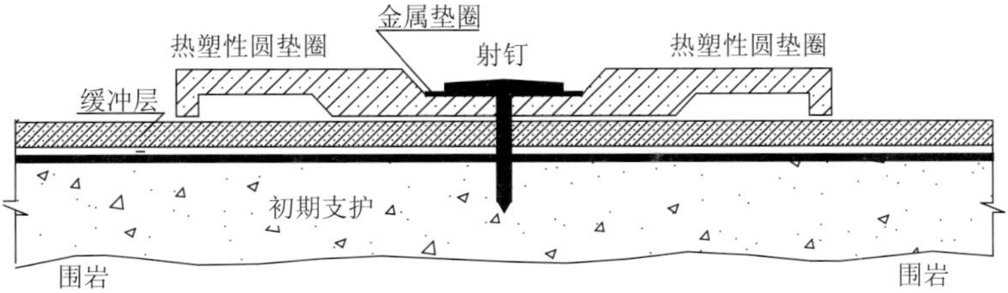

图 4.5—7 土工布铺设示意图

缓冲层（土工布）幅间搭接宽度≥15 cm，一般仅设环向接缝，当长度不够时，设轴向接缝，并使缓冲层与基面密贴，铺设的缓冲层应平顺，无隆起，无皱褶。

缓冲层（土工布）铺设要松紧适度，使之能紧贴在喷射混凝土表面，不致因过紧被撕裂，过松影响防水板挂设。

4 防水板铺设

防水板的铺设有两种方法：一是将整幅防水板从拱顶向两侧铺设；二是将两半幅从两侧墙脚向上铺设，最后在拱顶合龙焊接。防水板的拼接应采用双焊缝工艺，焊接接缝处必须擦洗干净，用双焊缝焊机焊接。防水板铺设松紧应适度并留有余量，环向铺设时，下部防水板应压住上部防水板，防止过紧或过松，造成防水板受挤压破损或形成人为蓄水点。实铺长度与初期支护基面弧长的比值为 10∶8，确保混凝土浇筑后防水板表面与基面密贴。

以金温扩能改造工程盘龙寺隧道工程 DK73＋619.2～DK73＋631.2 段防水板铺设施工工艺试验为例，采用的是将整幅防水板向两侧铺设的方式，可以减少一条纵向焊缝，防水效果更佳。

施工中尽量减少防水板的搭接头，搭接宽度≥15 cm，分段铺设的防水板的边缘部位应预留至少 60 cm 的搭接余量，并对预留边缘部位进行有效的保护。防水板的接缝应与衬砌施工缝错开 1～2 m，单条焊缝的有效焊接宽度≥15 mm，焊缝搭接处必须用刀刮成缓角后拼接，使其不出现错台，防水板铺设见图 4.5—8 。

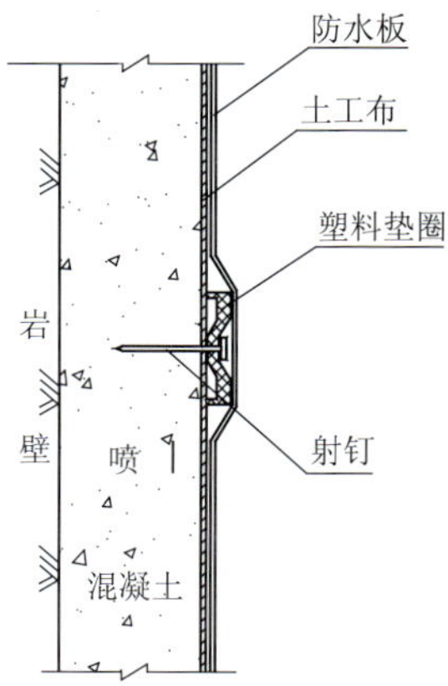

图 4.5—8　防水板铺设示意图

施工单位应根据施工需要，选择合适的爬焊机。

以金温扩能改造工程隧道工程 DK73＋619.2～DK73＋631.2 段防水板铺设施工工艺试验为例，试验过程中选取了 TH—515 型土工膜焊接机、土工膜爬焊机、RFT—501 加宽型爬焊机进行比选（三种爬焊机见图 4.5—9），三种爬焊机的型号、功能对比见表 4.5—1。

通过几种防水板焊接爬焊机使用比较，RFT-501 加宽型防水板焊接爬焊机较为经济、合理，各项指标均能满足施工要求，其特点是性能优良、操作方便、焊接速度高、焊接质量好，主要应用于超厚材料的焊接。其技术参数见表 4.5—2。

表 4.5—1　爬焊机使用焊接缝对比参数

序号	型号	搭接长度	焊缝宽度	中间空腔	生产厂家
1	TH-515 型土工膜焊接机	≥15 cm	16 mm×2 条	11 mm	温州金寅塑料焊接
2	土工膜爬焊机	≥15 cm	12.5 mm×2 条	12 mm	温州金寅塑料焊接
3	RFT—501 加宽型	≥15 cm	15 mm×2 条	15 mm	温州金寅塑料焊接

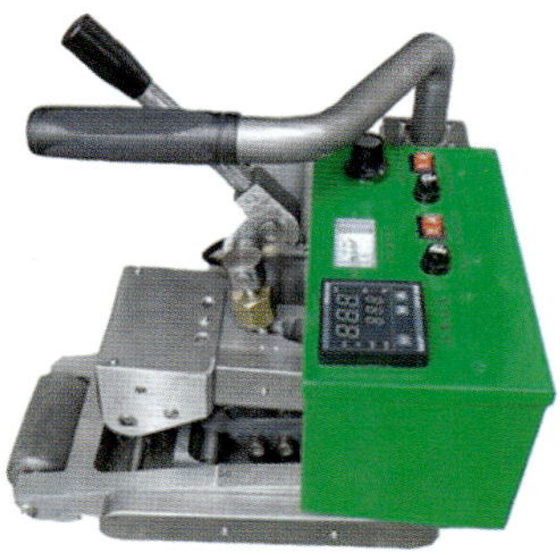

(a)RFT—501型加宽型爬焊机

(b)土工膜焊接爬焊机

图 4.5—9

(c)TH—515型土工膜焊接机

图4.5—9 RFT—501加宽型爬焊机、土工膜爬焊机、TH—515型土工膜焊接机外形图

表4.5—2 爬焊机技术参数

输入电压(V)	220 V
频率(Hz)	50 Hz
功率(W)	1 800 W
焊接速度(m/min)	0.5～5 m
加热温度(℃)	0～450 ℃
焊接材料厚度(mm)	1～3 mm
焊接宽度(mm)	15 mm×2,中间空腔15 mm
搭接宽度(cm)	15 cm
焊缝强度	≥85%母材(剪切方向抗拉)
整机重量(kg)	13
绝缘等级	Ⅱ类

5 充气检查

焊缝检测采用检漏器现场检测防水板焊接质量,将5号注射针与压力表相接,用打气筒进行充气,当压力表达到0.25 MPa时停止充气,保持15 min,压力下降在10%以内,说明焊缝合格;如压力下降过快,说明焊缝不严,用检测液(肥皂水)找出漏气部位,用手动热熔器焊接修补后再次检测,直到不漏气为止。焊缝若有漏焊、假焊应予补焊,

若有烤焦、焊穿处，以及外露的固定点，用塑料片覆盖焊接。防水板充气试验器具见图 4.5—10。

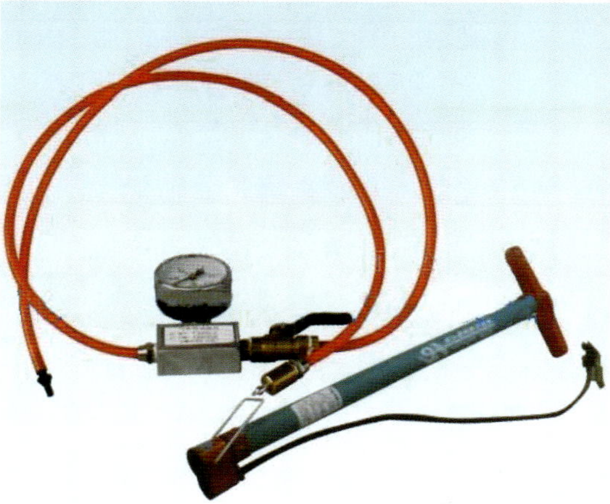

图 4.5—10　防水板充气试验器具

在防水板铺设施工中，做到不渗、不漏，应做好隧道的防排水，保证隧道衬砌背后排水畅通，保证防水隔离层施工质量，改善二次衬砌的受力条件，减少在二次衬砌中出现裂纹；并做好初期支护与二次衬砌背后的回填；为防止二次衬砌受力过大，施工单位应加强监控量测，并根据量测结果及时调整施工支护参数，确定二次衬砌施工时间；按设计要求施作施工缝、变形缝。

在施工中为保证施工质量以及施工进度，可对防水板铺设工艺流程进行优化。

以金温扩能改造工程隧道工程 DK73＋619.2～DK73＋631.2 段防排水施工工艺试验为例，主要采用了以下优化措施：采用幅宽 2 m 和 3 m 的防水板混合使用，既减少了防水板的搭接接头，又保证了防水板的搭接缝与施工缝错开 1 m 的距离；安装纵向盲管时，采用幅宽为 1.5 m 的防水板包裹盲管，简化了施工工序；安装环向止水带时，为保证止水带居中，沿端头模板每隔 0.5～1.0 m，在端头模板上钻取 ϕ10 mm 的钢筋孔，将预制的钢筋卡穿过端头模板，固定于端头模板上并将止水带折叠成“L”形。

4.6 二次衬砌

防水板铺设经检查验收合格后，施工单位采用“断面检测仪”检测开挖断面，在曲线段每 3 m 一个断面，对欠挖部分进行二次开挖处理，使其满足衬砌厚度要求，对超挖部分采用与衬砌同级混凝土回填。根据监控量测结果，在确定衬砌段围岩稳定后方可进行衬砌。

在洞口平整场地上组装二次衬砌台车，台车拼装应保证台车模板安装稳固牢靠，接缝严密，无错台，无突出和凹陷，安装完成后，对液压系统、竖向主油顶的行程、丝杆千斤顶的伸缩性能及行程、液压油缸自动脱模是否灵活及最大行程、台车油缸步进式自动行走能力、台车弧形模板的开合进行调试检验，确保模板完全闭合时与顶部弧形模板与两侧弧形模板连接紧密无错台。拼装完成的台车见图 4.6—1。

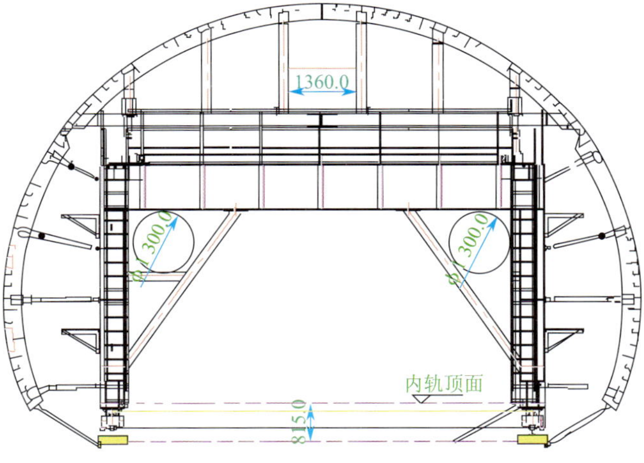

图 4.6—1 衬砌台车示意图

二次衬砌台车的调试加固以后，施工单位对照图纸认真核对量测，对台车中心线、模板的平整度、模板接口的连接、弧形模板的开合，液压系统的开启与关闭及工作行程等关键部位、关键项目进行检查，自检合格后报监理单位验收，验收通过后方可投入使用。模板台车检查见

图 4.6—2。

图 4.6—2　二衬台车中心线检查

台车使用前,施工单位应对台车面板进行精细打磨并涂刷防锈油膜,提高模板面的光洁度和防锈性能,模板安装必须稳固牢靠,接缝严密,不得漏浆。打磨后的衬砌台车面板见图 4.6—3。

图 4.6—3　打磨后的衬砌台车面板

二衬混凝土应由拌和站集中生产，其配合比通过试验室试验确定，通过混凝土罐车运至工地，采用泵送浇筑，浇筑时应自模板窗口灌入，由下向上，对称分层，倾落自由高度不超过 2.0 m，台车前后混凝土高差不超过 0.6 m，左右混凝土高差不超过 0.5 m；混凝土浇筑应连续进行，浇筑分层厚度（指捣实后厚度）宜为振捣器作用部分长度的 1.25 倍，但最大摊铺厚度不宜大于 600 mm，在新浇筑完成的下层混凝土上再浇筑新混凝土时，应在下层混凝土初凝或能重塑前浇筑完成上层混凝土；当因故间歇时，其间歇时间应小于前层混凝土的初凝时间或能重塑的时间，当超过允许间歇时间时，按接缝处理，衬砌混凝土接缝处必须进行凿毛处理。

在混凝土浇筑过程中，施工单位应随时观察模板、支架、钢筋、预埋件和预留孔洞的情况，当发现有变形、移位时，及时采取加固措施；混凝土浇筑时，施工单位应填写混凝土施工记录，监理单位进行现场旁站。

以金温扩能改造工程盘龙寺隧道二衬工艺试验混凝土施工为例，混凝土强度等级 C35、选用浙江红狮 42.5 级水泥、砂石料为当地开采，外加剂为 SKD—9 防水剂，水泥、砂石料及外加剂均经过试验室严格筛选检查，配合比如下：水泥：砂：碎石：水：外加剂＝1：2.11：2.8：0.47：0.02，坍落度：14～18 cm。二衬混凝土振捣见图 4.6—4。

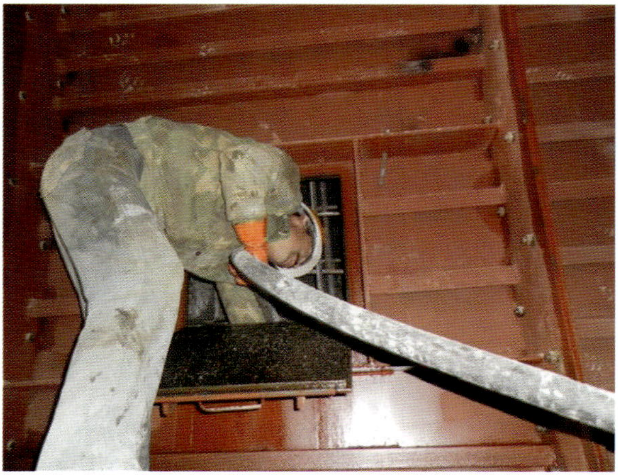

图 4.6—4　衬砌混凝土振捣图

二衬混凝土拆模及养护时间按照验标规定进行，养护期间，混凝土内部温度与表面温度之差、表面温度与环境温度之差不宜大于 20 ℃，养护用水温度与混凝土表面温度之差不得大于 15 ℃。浇水次数应能保持混凝土处于湿润状态，拆模后的混凝土表面见图 4.6—5。

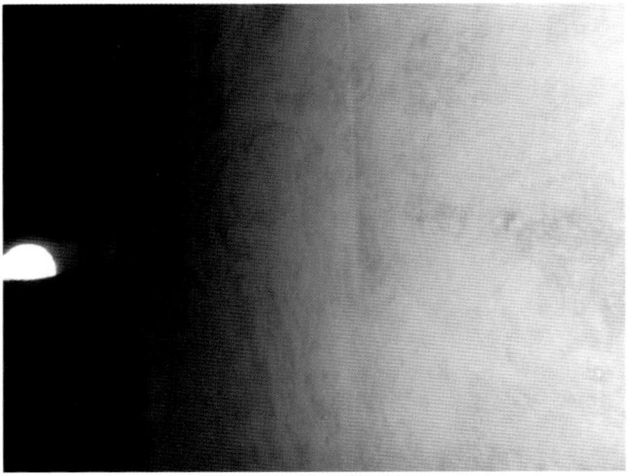

图 4.6—5　拆模后的混凝土表面

在施工过程中，施工单位不断优化施工工艺，确保衬砌混凝土强度及外观，提高二次衬砌施工质量。

以金温扩能改造工程盘龙寺隧道工程 DK73＋619.2～DK73＋631.2 段二衬施工为例，对施工工艺进行以下优化：

(1)将分两次施工的二衬施工，通过台车改装优化，取消了矮边墙施工，不仅加快了施工进度同时减少了二次施工的施工缝，提高了二衬的质量。

(2)在施工中加大混凝土旁站力度，加强振捣手的技术培训，防止仓面混凝土堆积，采用高频振捣器辅以软轴振捣器振捣，振捣时以混凝土泛出浮浆、无明显气泡冒出且不显著下沉为准，不允许过振或漏振，避免了空气排除不干净造成混凝土表面有凹陷的小坑和表面不光滑，不平整，确保了混凝土拆模后内实外光。

(3)在振捣窗口再添加四个销子，同时添加四个角钢斜支撑，确保开窗封口处模板与二衬台车模板紧贴无缝隙，确保开窗封口模板外侧与二次衬砌台车模板外侧平滑顺接无错台。

(4)二衬施工过程中，两端挡头板部位混凝土经常出现振捣不充分，在侧墙部位施工时可采用插入式振动棒加强振捣；在拱部靠近端头的部位两端各增加三个小型高频附着式振动器加强振捣，以提高端头部位混凝土施工质量。

(5)二衬拆模后，因混凝土浇筑时，多余的水分无法排出，随着混凝土浇筑高度逐渐增加，混凝土与台车面板挤压，造成侧墙部位出现由下而上的水印，外观质量差，在挡头板安装时按一定间距预留排水缝隙，在挡头板内侧钉一块土工布，保证了不漏浆，并使多余水分顺利排出，从而消除水印。

(6)为防止二次衬砌混凝土开裂，在盘龙寺隧道工艺试验中采取了以下措施：合理选择配合比，选用低水化热、耐腐蚀、耐久性好的原材料和严格控制施工工艺，防止和避免了施工过程中混凝土的收缩裂缝(干缩和冷缩裂缝)；混凝土施工完成后，立即进行养护，对空气湿度进行监测，当空气湿度不能满足养生要求时，及时进行喷洒水雾保证混凝土表面始终保持湿润；控制拆模时间，根据隧道衬砌进度安排，每节衬砌拆模时间安排在 5 d 以上，使混凝土强度达到设计 70％以上(洞口地段承受围岩压力较大时，混凝土强度要达到 100％设计强度，明洞衬砌后，待明洞回填高度拱顶大于 70 cm 时)方可拆模；控制衬砌混凝土与开挖面的距离，防止混凝土受爆破震动开裂。

5 评估总结

5.1 验收程序

试验结束后，施工单位主要负责人应组织项目总工程师和隧道、测量、试验、质量、安全等专业工程师对试验段进行自检，编制试验段工艺试验总结报告。自验收合格后，报监理单位初评估。工艺试验总结报告主要内容包括：工程概况、试验段概述；施工工艺流程；试验参数；相关数据、影像资料；工程总结；自评估报告等。施工单位隧道工程总结内容应包括：工程概况；工程施工方法；机械设备组合；爆破参数；组织机构的设置及劳力组织；关键工艺流程的技术分析；工程质量控制措施；安全环保措施的有效性及改进措施；应急处理；工程质量自评情况；工程试验，材料试验报告。

监理单位总监理工程师应组织施工单位项目负责人、工艺试验相关参与人员和项目监理机构工艺试验相关参与人员对施工单位试验段工艺试验总结报告进行审查，对试验段工程实体、内业资料和观感质量进行验收。验收合格后，形成试验段初评估报告，会同施工单位试验段工艺试验总结报告一并报项目管理机构。

项目管理机构分管负责人应组织施工单位项目负责人、主要参与人员，监理单位总监理工程师、主要参与人员，勘察设计单位项目总体、专业设计人员对初评估报告、施工单位试验段工艺试验总结报告进行审查，对试验段工程实体、内业资料和观感质量进行验收、复评估。复评估合格后，形成试验段复评估报告，填写试验段验收表和试验段验收评估申请表，报铁路局。试验段验收表见附表13，试验段验收评估申请表见附表14。

以金温扩能改造工程盘龙寺隧道工艺试验为例，工艺试验试验段验收表见表5.1—1，工艺试验实施验收评估表见表5.1—2。

工艺试验验收表

工程项目名称	金温铁路扩能改造工程		
试验里程及长度	DK73+596～DK73+620作为Ⅴ级围岩开挖支护工艺试验段，长24m。 DK73+619.2～DK73+631.2作为防水板铺设工艺试验段，长12m。 DK73+619.2～DK73+631.2作为二次衬砌工艺试验段，长12m。		
所属标段	Ⅲ标		
项目管理机构	单位名称	金丽温铁路有限责任公司	
	主管人员	俞醒	
	联系电话		
计划开工日期	2011年3月		
计划完工日期	2011年5月		
检查项目		要求	检查意见
项目管理机构	施工图审核	完成	完成
	技术交底审查	完成	完成
	作业指导书审查	完成	完成
	试验段计划审批	完成	完成
施工单位	专项施工方案	已通过审批	已通过
	技术交底	齐全完备	齐全完备
	作业指导书	齐全完备	齐全完备
	专业施工队伍	人员配备齐全	齐全
	质量自控体系	齐全完备	齐全完备
监理单位	专项监理细则	完成	完成
	专项施工方案	已审查	已审查
	监理人员配备	满足要求	满足要求
	平行检测或见证检测	满足要求	满足要求
设计单位	技术交底	已完成	已完成
	配合人员	有	有

本表一式二份，由项目管理机构填写，建设处、项目管理机构各一份。

图 5.1—1　金温扩能改造工程隧道工艺试验验收表

工艺试验实施验收评估申请表

工程项目名称	金温铁路扩能改造工程	
试验性质	工艺性试验	
试验里程及长度	DK73+596～DK73+620作为Ⅴ级围岩开挖支护工艺试验段，长24m。 DK73+619.2～DK73+631.2作为防水板铺设工艺试验段，长12m。 DK73+619.2～DK73+631.2作为二次衬砌工艺试验段，长12m。	
所属标段	Ⅲ标	
项目管理机构	单位名称	金丽温铁路有限责任公司
	主管人员	俞醒
	联系电话	
施工单位	单位名称	中铁二十二局集团有限公司金温扩能工程指挥部
	主管人员	王新荣
	联系电话	
监理单位	单位名称	上海天佑监理金温扩能改造工程监理项目部
	主管人员	胡绍兴
	联系电话	
设计单位	单位名称	中铁第四勘察设计院集团有限公司
	主管人员	吴建军
	联系电话	
开工日期	2011年3月	
完工日期	2011年5月	
申请验收评估时间	2011年5月	

试验实施概况：

隧道开挖、防水板铺设、二衬施工工艺试验，并经设计、监理的确认；隧道在实施过程中严格按照设计规范要求施工，并有现场监理旁站，试验结果真实。

项目管理机构（章）

日　期：2011.5.16

本表一式二份，由项目管理机构填写，建设处、项目管理机构各一份。

图 5.1—2　金温扩能改造工程隧道工艺试验实施验收评估表

项目管理机构、施工、监理、设计单位应根据试验数据优化、修正设计参数和设计方案，经四方签认确定最终参数，形成通过试验段确定的最终参数表，由项目管理机构报铁路局备案。必要时，可邀请同行业或高校的有关专家参加。通过试验段确定的最终参数表见附表15。

以金温扩能改造工程盘龙寺隧道工艺试验为例，工艺试验通过最终确定的参数表见图5.1—3。

铁路局组织项目管理机构和设计、监理、施工单位等相关人员并邀请有关专家对试验结果进行验收和评估，形成试验段验收评估报告。试验段验收评估报告见附表16。

以金温扩能改造工程隧道工艺试验为例，隧道工艺试验验收评估报告见图5.1—4。

5.2 验收评估

1 施工单位自评估主要内容：

1)专门建立的工艺试验管理机构、各参与人员是否履行职责，质量、安全保证体系是否正常运转。

2)是否按规定进行工艺试验一般调查，并进行方案比选。

3)是否按规定编制工艺试验专项方案程序并申报；是否及时修正、完善。

4)人员资质是否符合要求，是否按规定进行岗前培训；施工机械是否按规定进行机械性能检验，并达到工艺试验相关参数要求；是否建立用、管、维修等制度；检测设备是否满足工艺试验相关要求是否进行标定；原材料出厂合格证、检测报告等资料是否符合规定，并按规定程序报验。

5)是否编制技术交底书，按规定进行技术交底，并留下相应记录；试验参数发生变化时是否重新交底。

6)是否编制作业指导书，按规定程序审批；试验参数发生变化时是否重新编制作业指导书。

7)施工中，是否按审批的工艺试验专项方案施工；是否按规定频次对施工现场进行检查；是否按规定程序进行检验；关键工序是否执行签认制度；检测频次、方式是否满足要求；施工存在的问题是否制订专项措施，并及时整改；是否根据试验过程不断优化试验参数。

通过工艺试验确定的最终参数表

工程项目名称	金温铁路扩能改造工程	
试验性质	工艺性试验	
试验里程及长度	DK73+596～DK73+620作为Ⅴ级围岩开挖支护工艺试验段，长24m。 DK73+619.2～DK73+631.2作为防水板铺设工艺试验段，长12m。 DK73+619.2～DK73+631.2作为二次衬砌工艺试验段，长12m。	
所属标段	Ⅲ标	
序号	名称（Ⅴ级围岩光面爆破最佳参数确定）	确定系数
1	周边眼间距	40cm
2	周边眼外斜率	3%
3	周边眼抵抗线	50cm
4	辅助眼间距	80cm
5	底板眼间距	60cm
6	周边眼装药集中度	0.05kg/m
7	辅助眼装药集中度	0.1kg/m
8	底板眼装药集中度	0.15 kg/m
9	掏槽眼装药集中度	0.2kg/m
10	最佳循环进尺	上台阶左侧、右侧0.8m，中台阶1.2m，下台阶1.2m。

结论：

首段隧道工艺试验总体部署和组织结构基本完善，工艺程序比较全面，流程清晰。安全质量管理机制齐全，现场工作基本有序可控。根据隧道开挖进尺、爆破参数等试验得出的相关工艺参数，隧道防水板铺设、二衬施工对设计的工艺工法进行验证、优化得出相应工艺总结，对下阶段大规模隧道施工有较好的指导意义。

设计单位	项目管理机构	监理单位	施工单位
日期	日期	日期	日期

本表一式二份，由项目管理机构填写，建设处、项目管理机构各一份。

图 5.1—3　金温扩能改造工程隧道工艺试验通过最终确定的参数表

工艺试验验收评估报告

<table>
<tr><td>工程项目名称</td><td colspan="2">金温铁路扩能改造工程</td></tr>
<tr><td>试验性质</td><td colspan="2">工艺性试验</td></tr>
<tr><td>试验里程及长度</td><td colspan="2">DK73+596～DK73+620 作为Ⅴ级围岩开挖支护工艺试验段，长 24m。
DK73+619.2～DK73+631.2 作为防水板铺设工艺试验段，长 12m。
DK73+619.2～DK73+631.2 作为二次衬砌工艺试验段，长 12m。</td></tr>
<tr><td>所属标段</td><td colspan="2">III标</td></tr>
<tr><td rowspan="3">项目管理机构</td><td>单位名称</td><td>金丽温铁路有限责任公司</td></tr>
<tr><td>主管人员</td><td>俞醒</td></tr>
<tr><td>联系电话</td><td></td></tr>
<tr><td>计划开工日期</td><td colspan="2">2011年3月</td></tr>
<tr><td>计划完工日期</td><td colspan="2">2011年5月</td></tr>
<tr><td>试验验收评估时间</td><td colspan="2">2011年6月8日</td></tr>
<tr><td colspan="3">试验验收评估意见:（评估报告另附）

通过对隧道开挖、防水板铺设、二衬施工进行工艺性试验，确定工艺参数，验证工艺工法，可以指导后续施工，具体评估意见见报告。

建设管理处（章）
日　期: 6月9日</td></tr>
</table>

本表一式二份，由建设管理处填写，建设处、项目管理机构各一份。

图 5.1—4　金温扩能改造工程隧道工艺试验验收评估报告表

8)开挖支护、防水板铺设、二次衬砌混凝土施工工艺是否符合要求。

9)各种记录是否真实、齐全;检验批填写是否及时、规范。

10)试验结束后,是否对试验成果进行分析;是否按确定的参数指导施工。

2 施工单位自评估报告主要内容:

1)工程概况:对工程背景,设计要求,施工组织安排、水文地质情况、试验规模,工艺工法,施工方案等作简要说明。

2)对隧道开挖支护、防水板铺设、二衬混凝土浇筑等工艺流程进行描述。

3)隧道工艺试验施工主要工序施工方步骤及施工过程描述。

4)对关键工序施工重点及其控制措施进行说明。

5)原材料检测,工程质量情况以及影像资料等情况。

6)工艺试验参数的比选及确定。

7)施工经验教训及合理化建议。

8)自评结论。

3 监理单位初评主要内容:

1)项目建设相关批复文件,施工图设计文件是否齐全,相关标准、规范是否配备。

2)是否按规定进行工艺试验一般调查,是否按规定编制施工现场调查报告。

3)是否建立了专门的工艺试验管理机构,并运转正常。

4)工艺试验专项方案是否按规定程序申报、审批,并根据审核意见修正、完善。

5)人员资质是否符合要求,是否按规定进行岗前培训;施工机械是否按规定进行机械性能检验,并达到工艺试验相关参数要求;是否建立用、管、维修等制度;检测设备是否满足工艺试验相关要求是否进行标定;原材料出厂合格证、检测报告等资料是否符合规定,并按规定程序报验。

6)是否编制技术交底书,按规定进行技术交底,并留下相应记录;

试验参数发生变化时是否重新交底。

7)是否编制作业指导书,按规定程序审批;试验参数发生变化时是否重新编制作业指导书。

8)是否按规定编制开工报告并上报。

9)施工中,是否按审批的工艺试验专项方案施工;是否按规定频次对施工现场进行检查;是否按规定程序进行检验;关键工序是否执行签认制度;检测频次、方式是否满足要求;施工存在的问题是否制订专项措施,并及时整改;是否根据试验过程不断优化试验参数。

10)开挖支护、防水板铺设、二次衬砌混凝土施工工艺是否符合要求。

11)各种记录是否真实、齐全;检验批填写是否及时、规范。

4 监理初评估报告主要内容:

1)验收组人员组成。

2)必备的设计图纸和标准,专项施工方案和作业指导书审查情况。

3)试验段工程实体、内业资料和观感质量验收情况,工艺试验所取得的技术资料齐全,数据真实详尽。

4)现场对隧道超前地质预报、爆破参数选择、开挖支护、监控量测、防水板铺设、二衬混凝土浇筑工艺流程进行监控的情况。

5)隧道开挖支护、防水板铺设、二衬混凝土浇筑工艺的优缺点。

6)初评估意见。

5 验收评估主要内容:

除监理单位初评主要内容外,还需包括以下内容:

1)项目管理机构、施工、监理单位各参与人员是否履行职责,质量、安全保证体系是否正常运转。

2)工艺试验监理专项实施细则是否按规定程序申报、审批。

3)监理人员数量、资质是否符合要求,是否按规定进行岗前培训;监理单位检测设备是否满足工艺试验相关要求是否进行标定,是否建立用、管、维修等制度,并按规定程序报验。

4)监理单位是否编制隧道监理实施细则、技术交底书,按规定进行技术交底,并留下相应记录;试验参数发生变化时是否重新交底。

5)监理单位是否按规定进行巡查、旁站、见证、平行检验。

6)监理单位各种记录是否真实、齐全。

6 验收评估报告由专家验收评估组组长负责组织编写，专家验收评估组成员签认。验收评估报告主要内容：

1)验收组人员组成。

2)必备的设计图纸和标准，专项施工方案、专项监理实施细则和作业指导书审查情况。

3)检验批、各类技术文件、数据验收情况。

4)爆破参数选择、开挖支护、监控量测、防水板铺设及二次衬砌等资料的验收情况。

5)现场对隧道超前地质预报、爆破参数选择、开挖支护、监控量测、防水板铺设、二衬混凝土浇筑工艺流程进行监控的情况。

6)隧道开挖支护、防水板铺设、二衬混凝土浇筑工艺的优缺点。

7)验收评估结论。

5.3 经验总结

1 开挖光面爆破

1)施工中应加强地质超前预报，准确探明前方围岩类型，随围岩条件变化及时调整钻爆参数。

2)在进行爆破设计时应根据隧道断面大小、围岩级别、机械设备等进行综合考虑，选取不同的光爆参数，合理选用炸药品种并优化装药结构，加强对起爆顺序和光爆孔起爆时差的控制。

3)隧道施工的超、欠挖将引起工程成本增加，经经验估算，铁路隧道每延米超挖 1 cm，将增加成本投入近 150～300 元，应切实做好爆破控制。

4)隧道初期开挖施工中，局部爆破控制效果不太好，个别点超挖值超出了规范允许范围。在后续施工过程中，及时根据围岩走向、层厚、石质等地质情况，不断调整钻爆方案，进行爆破试验，及时调整爆破参数，光面爆破效果能明显的提高，轮廓面清晰圆顺，平整度也较好。

2 光面爆破、非光面爆破效果对比

1)光面爆破后炮眼痕迹率若能达80%～90%，两茬炮衔接台阶最大尺寸为11cm，超欠挖量仅为5%左右，比非光面爆破的超欠挖量要低得多；岩渣块度较小亦均匀，利于装渣，节省装运时间；减少支护投入，降低工程造价；岩面平整，应力集中小，减少安全隐患。

2)据实践经验，光面爆破施工钻眼及装药延长20 min，清理危石或补炮缩短20 min，初期支护缩短20 min，装渣及出渣缩短20 min，方便了后续的挂土工布、防水板施工。光面爆破比非光面爆破减少超挖量15%，按现行规范标准平均超挖值为15 cm，即每延米少开挖约2.0 m^3，减少同标号喷射混凝土超挖回填量约2 m^3，同时也节省了火工品和因非光面爆破所造成的围岩破碎所需钢支撑、锚杆、钢筋网等初期支护的工程量。

3　防水板铺设

通过防水板铺设工艺试验，总结认为现行规范在结构防排水方面基本上都作出了较为详细的规定，采取了比较齐全的施工技术措施，以形成多道防线防水(注浆防水、防水层、防水板防水、盲沟或盲管排水、三缝防水等)；实际上，有相当一部分与现场有脱节，执行起来困难，或者即使执行了，也难以取得良好的效果。对于铁路隧道工程，工程的不同地质条件和水文地质特征决定了它应采取不同的防线，达到不同的防线设置能力，例如浅埋隧道和深埋隧道、软岩隧道和硬岩隧道、富水隧道和贫水隧道、岩溶隧道与非岩溶隧道等等，它们具有相互独立的地质条件特征，其结构防排水要求和技术措施应该是不同的，但现行的规范在这方面规定一般都是比较模糊的，造成防排水失效，隧道建成后渗漏水严重。

1)通过在初期支护和二次衬砌间铺设防水板这一不透水层，从而阻止地下水进入隧道内，从理论上说，没有任何问题。但是尽管防水板无论从材料性能、缓冲层等方面有了很大的改善，仍难以保证隧道修建后不渗不漏。在隧道工程中采用防水板能有效地提高结构防排水效果，但无法避免隧道建成后的渗漏水。

(1)一般防水板幅宽仅为2～4 m，因而防水板焊缝数量很多，数量很多的焊缝处理历来是施工的薄弱环节，施工中很难保证每个焊缝都能达到质量100%。

(2)隧道采用爆破法施工,超欠挖控制难度大,目前单双线隧道大约1/3左右Ⅳ、Ⅴ级围岩需要设置钢架,如按钢架设计,需喷射25～28 cm厚度的混凝土,现场施作时,一般将喷混凝土喷成波浪形,在二次衬砌施作时,易拉裂防水板。

(3)因受隧道横断面弧长变化的影响,大幅防水板在吊挂时,两侧搭接边会有松紧不一现象,以免灌注混凝土时,易造成拱部防水板空洞及破损。

(4)防水板设置容易造成衬砌和围岩的不密贴,形成水囊,防水板间搭接缝应和二次衬砌环向接缝、沉降缝等防水薄弱环节错开1m以上,以免因防水板焊接不良,造成该处漏水。

(5)外侧钢筋焊接时溅出火花极易烧坏防水板,因此焊接钢筋时必须焊缝周围用石棉水泥板进行遮挡,钢筋安装过程中避免划破防水板。

(6)防水板使用寿命与隧道使用寿命不配套,不能满足隧道设计使用寿命年限。目前防水板使用寿命只有20年,其耐老化性能也不能满足隧道使用寿命要求。

(7)地下水的串通性决定一旦防水板局部破坏,水就会沿隧道线路纵方向串通,导致防水板防水效果大大降低。

2)三缝防水是铁路隧道防水的关键,但三缝防水过多地依赖于止水系统,隧道工程渗漏水的主要部位是在施工缝处,对于施工缝的防水,主要采取止水条、止水带,采用止水结构后,防水仍难达到预期目的。

(1)尽管对止水条、止水带、混凝土浇灌技术作了严格的要求,如止水条要求具有缓涨性能,7 d的膨胀率不应大于最终膨胀率的50%,但因隧道施工环境(特别是岩溶隧道)潮湿的特点,即使是缓膨胀的止水条止水效果也不能保证。

(2)止水带的埋置位置、定位、牢固是施工中难以解决的问题,导致隧道在建成后几年内从施工缝处渗漏水。

3)铁路隧道结构防排水的设计与施工,应根据隧道所处地下水的敏感性、地层岩性、地下水的腐蚀性等考虑，将隧道划分为防水隧道、排水隧道，对防水隧道采用“以堵为主，限量排放”，一般限量排放标准可制定为 1～5 m^3/d。对于排水隧道采用“以排为主”的防排水理念。

4)加强注浆堵水设计理念和施工技术水平，不宜采取遇水就排的防排水思路。在目前铁路隧道工程施工中，存在一种错误的施工理念，认为堵水是浪费材料、耽误时间，一旦出现涌流水就直接排水，导致地下水管道更加畅通，最终采取注浆封堵措施，致使施工难度加大、堵水质量及效果降低。时间不久，易导致二次衬砌渗漏水，不得不采取破坏防水板结构措施，造成防水板和二次衬砌二次破坏，且二衬完成后的注浆堵水易使地下排水系统破坏，一般来说，后期堵水有一定效果，但其堵水寿命期很短，往往 1～3 年后又会出现大量渗漏水现象。

4 二次衬砌

1)二衬施工时加强过程控制，提高振捣质量，防止漏、欠、过振现象发生；混凝土浇筑时，加强坍落度控制，边墙部位以控制在 15～17 cm，拱部控制在 17～18 cm 较为合适，浇筑速度每车(6～7 m^3)在 20～30 min浇筑完较为适宜；二次衬砌混凝土靠近挡头模板部位振捣不充分，拆模之后易出现松散现象，应加强技术培训及现场指导，在保证施工缝止水带不变形的前提下，充分振捣，确保衬砌混凝土强度及外观质量。混凝土浇筑过程中，混凝土供应要及时，间隔时间不能太长；振捣时，台车下部加装附着式振捣器，下部采用插入式振捣器为主，附着式振捣器为辅。

2)宜按照标准化要求在隧道口建立混凝土拌和站，集中拌和、运输，保证混凝土的连续性，同时尽可能减少混凝土运输车在现场的等待时间，既能节约成本，又能适时监控。

3)施工作业人员必须满足现场施工要求，并注意不同工种之间的协调。特别是浇筑转换时，不仅要拆、接管快，而且要将拆卸管中的剩余混凝土清除干净，以防堵管，同时，输送管要有一定的备用，在下次浇筑前，最好是在台车左右侧分别铺设一趟管路，减少管路搬运时间，转换管路后一边下料，一边安排人员进行管路清理。

4)为保证拱顶混凝土的密实，避免出现拱部空洞，应适当调大混凝土坍落度，保证混凝土的和易性、流动性和黏结性能，按照由外至内的原则逐个窗顶压送混凝土，左后封闭两端顶模的方式进行控制，并从两侧端模开口位置(或者两端布设通气管)判断混凝土是否饱满。

参考文献

[1] 《高速铁路隧道工程施工技术指南》(铁建设〔2010〕241 号).

[2] 《高速铁路隧道工程施工质量验收标准》(TB 10753－2010).

[3] 《铁路混凝土工程施工技术指南》(铁建设〔2010〕241 号).

[4] 《铁路混凝土工程施工质量验收标准》(TB 10424－2010).

[5] 《关于印发〈铁路建设项目作业指导书编制暂行办法〉的通知》(建建〔2009〕107 号).

[6] 《关于印发〈铁路建设项目技术交底管理暂行办法〉的通知》(铁建设〔2009〕155 号).

[7] 《关于公布〈上海铁路局建设工程工艺试验管理办法〉的通知》(上铁建发〔2011〕28 号).

[8] 《爆破安全规程》(GB 6722－2011).

附　　表

附表 1:试验段实施计划表

<table>
<tr><td>工程项目名称</td><td colspan="2"></td></tr>
<tr><td>试验段性质</td><td colspan="2"></td></tr>
<tr><td>试验段里程及长度</td><td colspan="2"></td></tr>
<tr><td>所属标段</td><td colspan="2"></td></tr>
<tr><td rowspan="3">项目管理机构</td><td>单位名称</td><td></td></tr>
<tr><td>主管人员</td><td></td></tr>
<tr><td>联系电话</td><td></td></tr>
<tr><td rowspan="3">施工单位</td><td>单位名称</td><td></td></tr>
<tr><td>主管人员</td><td></td></tr>
<tr><td>联系电话</td><td></td></tr>
<tr><td rowspan="3">监理单位</td><td>单位名称</td><td></td></tr>
<tr><td>主管人员</td><td></td></tr>
<tr><td>联系电话</td><td></td></tr>
<tr><td rowspan="3">设计单位</td><td>单位名称</td><td></td></tr>
<tr><td>主管人员</td><td></td></tr>
<tr><td>联系电话</td><td></td></tr>
<tr><td>计划开工日期</td><td colspan="2"></td></tr>
<tr><td>计划完工日期</td><td colspan="2"></td></tr>
<tr><td colspan="3">试验段概况:</td></tr>
<tr><td colspan="3">项目管理机构(章):
日　期:</td></tr>
</table>

注:本表一式两份,由项目管理机构填写,铁路局、项目管理机构各一份。

附表 2:施工单位工艺试验专项方案报审表

<table>
<tr><td>工程名称</td><td></td></tr>
<tr><td rowspan="3">上
级
主
管
部
门
审
批</td><td>工程管理部审核意见:

审核人:</td></tr>
<tr><td>安质部审核意见:

审核人:</td></tr>
<tr><td>总工程师审批意见:

总工程师:</td></tr>
<tr><td colspan="2">施工单位(章):
日　期:</td></tr>
</table>

注:本表一式两份,由施工单位上级主管部门填写,施工、监理单位各一份。

附表3:工艺试验专项方案报审表

工程项目名称:　　　　　　　　　　施工合同段:　　　　　编号:

<table>
<tr><td>
致____________(监理单位):
我单位根据施工相关规定已编制完成____________工程的方案,并经我单位技术负责人审查批准,请予以批准。
附件:施工方案
承包单位(章):
专业工程师:
项目负责人:
日　期:　　　年　　　月　　　日
</td></tr>
<tr><td>
专业监理工程师意见:
专业监理工程师:
日　期:　　　年　　　月　　　日
</td></tr>
<tr><td>
监理单位意见:
监理单位(章):
总监理工程师:
日　期:　　　年　　　月　　　日
</td></tr>
<tr><td>
项目管理机构意见:
项目管理机构(章):
专业工程师:
分管负责人:
日　期:　　　年　　　月　　　日
</td></tr>
</table>

注:本表一式四份,施工单位两份,监理单位、项目管理机构各一份。

附表4:试验段实施方案审查申请表

<table>
<tr><td>工程项目名称</td><td colspan="2"></td></tr>
<tr><td>试验段性质</td><td colspan="2"></td></tr>
<tr><td>试验段里程及长度</td><td colspan="2"></td></tr>
<tr><td>所属标段</td><td colspan="2"></td></tr>
<tr><td rowspan="3">项目管理机构</td><td>单位名称</td><td rowspan="3"></td></tr>
<tr><td>主管人员</td></tr>
<tr><td>联系电话</td></tr>
<tr><td>计划开工日期</td><td colspan="2"></td></tr>
<tr><td>计划完工日期</td><td colspan="2"></td></tr>
<tr><td>申请方案审查时间</td><td colspan="2"></td></tr>
<tr><td colspan="3">项目管理机构(章):
日　期:</td></tr>
</table>

注:本表一式两份,由项目管理机构填写,铁路局、项目管理机构各一份。

附表 5:试验段方案审查批复表

<table>
<tr><td>工程项目名称</td><td colspan="2"></td></tr>
<tr><td>试验段性质</td><td colspan="2"></td></tr>
<tr><td>试验段里程及长度</td><td colspan="2"></td></tr>
<tr><td>所属标段</td><td colspan="2"></td></tr>
<tr><td rowspan="3">项目管理机构</td><td>单位名称</td><td rowspan="3"></td></tr>
<tr><td>主管人员</td></tr>
<tr><td>联系电话</td></tr>
<tr><td>计划开工日期</td><td colspan="2"></td></tr>
<tr><td>计划完工日期</td><td colspan="2"></td></tr>
<tr><td>方案审查时间</td><td colspan="2"></td></tr>
<tr><td colspan="3">实施方案审查批复意见:(专家组审查报告另附)

铁路局(章):

日　期:</td></tr>
</table>

注:本表一式两份,由铁路局填写,铁路局、项目管理机构各一份。

附表6:试验段方案修改备案表

<table>
<tr><td>工程项目名称</td><td colspan="2"></td></tr>
<tr><td>试验段性质</td><td colspan="2"></td></tr>
<tr><td>试验段里程及长度</td><td colspan="2"></td></tr>
<tr><td>所属标段</td><td colspan="2"></td></tr>
<tr><td rowspan="3">项目管理机构</td><td>单位名称</td><td rowspan="3"></td></tr>
<tr><td>主管人员</td></tr>
<tr><td>联系电话</td></tr>
<tr><td>计划开工日期</td><td colspan="2"></td></tr>
<tr><td>计划完工日期</td><td colspan="2"></td></tr>
<tr><td>方案审查时间</td><td colspan="2"></td></tr>
<tr><td colspan="3">针对实施方案审查批复意见修改结果(修改后实施方案和细则详见附件):

项目管理机构(章):

日　期:</td></tr>
</table>

注:本表一式两份,由项目管理机构填写,铁路局、项目管理机构各一份。

附表7：专项监理实施细则报审表

工程项目名称： 施工合同段： 编号：

<table>
<tr><td>致________________（监理单位上级主管部门、项目管理机构）：
我监理站根据监理相关规定已编制完成________________工程的专项监理实施细则，请予以审查、批准。
附件：专项监理实施细则
监理单位（章）：
专业监理工程师：
总监理工程师：
日　期：　　年　月　日</td></tr>
<tr><td>监理单位上级主管部门意见：

总工程师：
日　期：　　年　月　日</td></tr>
<tr><td>项目管理机构意见：

项目管理机构（章）：
专业工程师：
分管负责人：
日　期：　　年　月　日</td></tr>
</table>

注：本表一式两份，项目管理机构、监理单位各一份。

附表 8:TA5　主要进场人员报审表

工程项目名称：　　　　施工合同段：　　　　编号：

致＿＿＿＿＿＿＿＿（监理单位）：

下列人员已进场,并满足合同约定,请予以审查。

附:人员资格证明复印件。

承包单位(章)：＿＿＿＿＿＿＿＿

项目经理：＿＿＿＿＿＿＿＿

日　期：＿＿＿＿＿＿＿＿

序号	姓名	性别	出生年月	职务	学历	专业	专业年限	备注	监理审核意见

审查意见：

总监理工程师：＿＿＿＿＿＿＿＿

日　期：＿＿＿＿＿＿＿＿

注:本表一式四份,承包单位两份,监理单位、项目管理机构各一份。

附表 9:TA4 进场施工机械、设备报验单

工程项目名称：　　　　　　施工合同段：　　　　　　编号：

致________________（监理单位）：

下列施工机械、设备按合同约定已进场，并经我方检查，能满足工程施工需要，请审查签证并准予使用。

承包单位（章）：____________

技术负责人：____________

日　期：____________

序号	机械设备名称	规格及型号	数量	技术状况	进场日期	使用工点	备注	监理审核意见

审验结论：

专业监理工程师：____________

日　期：____________

注：1. 对性能、数量不符合要求需更换或补充的原因另附说明；

2. 本表一式四份，承包单位两份，监理单位、项目管理机构各一份。

附表 10:TA6 进场材料/构配件/设备报验单

工程项目名称：　　　　　　　　施工合同段：　　　　编号：

致＿＿＿＿＿＿＿＿（监理单位）：

下列原材料/构件/设备经自检符合技术规范要求，报请验证并准予在指定的部位使用。

附件：1. 出厂质量保证书(产品合格证)；

2. 出厂检验报告；

3. 自检试验报告。

项目经理：＿＿＿＿＿＿

技术负责人：＿＿＿＿＿＿

日　期：＿＿＿＿＿＿

	名　称			
规格及型号				
本批数量				
供货单位				
到达时间				
合格证				
来源或产地				
使用工点及部位				
自验情况	取样地点及日期			
	检查人及检查日期			
	检验结果			
使用日期				
监理检查意见				

审核结论：

监理单位(章)：＿＿＿＿＿＿

专业监理工程师：＿＿＿＿＿＿

日　期：＿＿＿＿＿＿

注：本表一式四份，承包单位两份，监理单位、项目管理机构各一份。

附表 11:作业指导书报审表

工程项目名称:　　　　　　　　　　施工合同段:　　　　　　编号:

<table>
<tr><td>致＿＿＿＿＿＿＿＿＿＿＿＿(项目管理机构、监理单位):
我单位根据施工相关规定已编制完成＿＿＿＿＿＿＿＿＿＿＿＿工程的作业指导书,并经我单位技术负责人审查批准,请予以批准。
附件:作业指导书

承包单位(章):
专业工程师:
项目负责人:
日　期:　　年　　月　　日</td></tr>
<tr><td>专业监理工程师意见:

专业监理工程师:
日　期:　　年　　月　　日</td></tr>
<tr><td>监理单位意见:

监理单位(章):
总监理工程师:
日　期:　　年　　月　　日</td></tr>
<tr><td>项目管理机构意见:

项目管理机构(章):
专业工程师:
分管负责人:
日　期:　　年　　月　　日</td></tr>
</table>

注:本表一式四份,施工单位两份,监理单位、项目管理机构各一份。

附表12:技术交底记录表

施工(监理)单位:

<table>
<tr><td>工程名称</td><td colspan="3"></td></tr>
<tr><td>部　　位</td><td></td><td>班组</td><td></td></tr>
<tr><td colspan="4">技术交底内容:</td></tr>
<tr><td>交底人签字</td><td colspan="3"></td></tr>
<tr><td colspan="4">接受交底人签字:

年　　月　　日</td></tr>
</table>

附表 13:试验段验收表

<table>
<tr><td>工程项目名称</td><td colspan="3"></td></tr>
<tr><td>试验段里程及长度</td><td colspan="3"></td></tr>
<tr><td>所属标段</td><td colspan="3"></td></tr>
<tr><td rowspan="3">项目管理机构</td><td>单位名称</td><td colspan="2"></td></tr>
<tr><td>主管人员</td><td colspan="2"></td></tr>
<tr><td>联系电话</td><td colspan="2"></td></tr>
<tr><td>计划开工日期</td><td colspan="3"></td></tr>
<tr><td>计划完工日期</td><td colspan="3"></td></tr>
<tr><td colspan="2">检查项目</td><td>要求</td><td>检查意见</td></tr>
<tr><td rowspan="4">项目管理机构</td><td>施工图审核</td><td>完成</td><td rowspan="4"></td></tr>
<tr><td>技术交底审查</td><td>完成</td></tr>
<tr><td>作业指导书审查</td><td>完成</td></tr>
<tr><td>试验段计划审批</td><td>完成</td></tr>
<tr><td rowspan="5">施工单位</td><td>专项施工方案</td><td>已通过审批</td><td rowspan="5"></td></tr>
<tr><td>技术交底</td><td>齐全完备</td></tr>
<tr><td>作业指导书</td><td>齐全完备</td></tr>
<tr><td>专业施工队伍</td><td>人员配备齐全</td></tr>
<tr><td>质量自控体系</td><td>齐全完备</td></tr>
<tr><td rowspan="4">监理单位</td><td>专项监理细则</td><td>完成</td><td rowspan="4"></td></tr>
<tr><td>专项施工方案</td><td>已审查</td></tr>
<tr><td>监理人员配备</td><td>满足要求</td></tr>
<tr><td>平行检测或见证检测</td><td>满足要求</td></tr>
<tr><td rowspan="2">设计单位</td><td>技术交底</td><td>已完成</td><td rowspan="2"></td></tr>
<tr><td>配合人员</td><td>有</td></tr>
</table>

注:本表一式两份,由项目管理机构填写,铁路局、项目管理机构各一份。

附表 14:试验段验收评估申请表

<table>
<tr><td>工程项目名称</td><td colspan="2"></td></tr>
<tr><td>试验段性质</td><td colspan="2"></td></tr>
<tr><td>试验段里程及长度</td><td colspan="2"></td></tr>
<tr><td>所属标段</td><td colspan="2"></td></tr>
<tr><td rowspan="3">项目管理机构</td><td>单位名称</td><td rowspan="3"></td></tr>
<tr><td>主管人员</td></tr>
<tr><td>联系电话</td></tr>
<tr><td rowspan="3">施工单位</td><td>单位名称</td><td rowspan="3"></td></tr>
<tr><td>主管人员</td></tr>
<tr><td>联系电话</td></tr>
<tr><td rowspan="3">项目监理机构</td><td>单位名称</td><td rowspan="3"></td></tr>
<tr><td>主管人员</td></tr>
<tr><td>联系电话</td></tr>
<tr><td rowspan="3">设计单位</td><td>单位名称</td><td rowspan="3"></td></tr>
<tr><td>主管人员</td></tr>
<tr><td>联系电话</td></tr>
<tr><td>开工日期</td><td colspan="2"></td></tr>
<tr><td>完工日期</td><td colspan="2"></td></tr>
<tr><td>申请验收评估时间</td><td colspan="2"></td></tr>
<tr><td colspan="3">试验段实施概况：</td></tr>
<tr><td colspan="3">项目管理机构(章)：
日 期：</td></tr>
</table>

注:本表一式两份,由项目管理机构填写,铁路局、项目管理机构各一份。

附表 15：通过试验段确定的最终参数表

<table>
<tr><td colspan="2">工程项目名称</td><td colspan="2"></td></tr>
<tr><td colspan="2">试验段性质</td><td colspan="2"></td></tr>
<tr><td colspan="2">试验段里程及长度</td><td colspan="2"></td></tr>
<tr><td colspan="2">所属标段</td><td colspan="2"></td></tr>
<tr><td>序号</td><td colspan="2">名　称</td><td>确定的参数</td></tr>
<tr><td>1</td><td colspan="2"></td><td></td></tr>
<tr><td>2</td><td colspan="2"></td><td></td></tr>
<tr><td>3</td><td colspan="2"></td><td></td></tr>
<tr><td>4</td><td colspan="2"></td><td></td></tr>
<tr><td>5</td><td colspan="2"></td><td></td></tr>
<tr><td>6</td><td colspan="2"></td><td></td></tr>
<tr><td colspan="4">结论：</td></tr>
</table>

勘察设计单位： 日　期：	项目管理机构： 日　期：	监理单位： 日　期：	施工单位： 日　期：

注：本表一式五份，由各参建单位填写，铁路局、参建单位各一份。

附表 16:试验段验收评估报告

<table>
<tr><td>工程项目名称</td><td colspan="2"></td></tr>
<tr><td>试验段性质</td><td colspan="2"></td></tr>
<tr><td>试验段里程及长度</td><td colspan="2"></td></tr>
<tr><td>所属标段</td><td colspan="2"></td></tr>
<tr><td rowspan="3">项目管理机构</td><td>单位名称</td><td></td></tr>
<tr><td>主管人员</td><td></td></tr>
<tr><td>联系电话</td><td></td></tr>
<tr><td>计划开工日期</td><td colspan="2"></td></tr>
<tr><td>计划完工日期</td><td colspan="2"></td></tr>
<tr><td>试验段验收评估时间</td><td colspan="2"></td></tr>
<tr><td colspan="3">试验段验收评估意见:(评估报告另附)

铁路局(章):
日　期:</td></tr>
</table>

注:本表一式两份,由铁路局填写,铁路局、项目管理机构各一份。